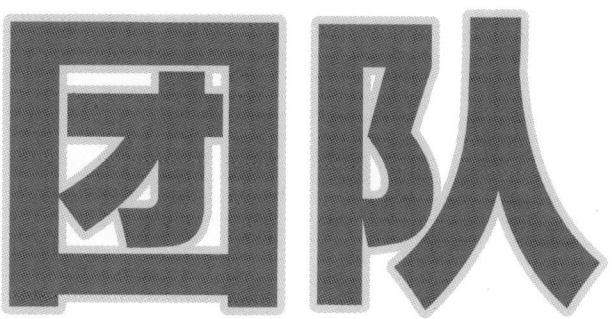

快速打造超级团队的实战指南

王超 著

Team Revolution

放弃旧有的团队观念，
建立富有战斗力的超级团队！

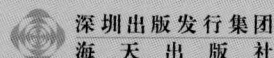

图书在版编目（CIP）数据

团队革命 / 王超著. —深圳：海天出版社，2011.4

ISBN 978-7-5507-0085-7

Ⅰ.①团… Ⅱ.①王… Ⅲ.①企业管理—组织管理学 Ⅳ.① F272.9

中国版本图书馆 CIP 数据核字（2011）第 011432 号

团队革命
TUANDUIGEMING

责任编辑　王　颖
责任技编　蔡梅琴
封面设计　玖品轩

出版发行	海天出版社
地　　址	深圳市彩田南路海天综合大厦（518033）
网　　址	www.htph.com.cn
订购电话	0755-83460917（批发）0755-83460397（邮购）
印　　刷	北京建泰印刷有限公司
开　　本	787mm×1092mm　1/16
印　　张	13.25
字　　数	280 千字
版　　次	2011 年 4 月第 1 版
印　　次	2011 年 4 月第 1 次
定　　价	30.00 元

海天版图书版权所有，侵权必究
海天版图书凡有印装质量问题，请随时向承印厂调换

王超老师团队培训剪影

王超老师团队培训剪影

序言

随着全球经济一体化，中国成了世界上最大的未来市场。国外跨国公司纷纷逐鹿中国市场，使得竞争原本就很激烈的市场，更加风起云涌，变化莫测。谁占领了中国市场，就意味着拥有了比竞争对手更多的资源。这样的市场格局下，中国企业既面临挑战，又恰逢机遇。

而当前世界经济环境总体的不太景气，导致更多的国际巨头为了开拓市场加快了向中国发展的步伐。由此，人们真正要喊"狼来了！"狼是什么？是挑战。是对行业的挑战，对团队竞争能力的挑战，对新的团队管理能力的挑战。狼来了，是必然，是大势所趋。既然知道有狼来袭，我们就应该做好团队化作战的准备。

有时候，狼来了并不是一件坏事，挡住狼并不能保护羊，走一狼则有可能失千羊。因为面对外来势力的强势入侵，让本就缺乏竞争力的中小企业大乱阵脚，民族企业固然要保护，但最好的培育方式则必须通过不断地竞争来提高实力，因此，我们应以敢于竞争的胸怀和更加开放的心态来对待"狼"。既然不能御狼于国门之外，那就与狼共舞，在竞争中生存和发展。要做到与狼共舞，就要打造一支具有狼性的团队，方能在激烈的竞争中无坚不摧。

跨国企业都是集团军，而我国企业中一小部分正在往正规军的方向发展，大部分中小企业应该算是游击队。因此，在这场竞争中，我们要想占据主动，只能依靠团队的力量，建设一流的团队，才能取得最后的胜利。

我在给很多企业培训的时候发现，有些企业失败的原因往往不是企业战略、营销策略、公司运营机制，而是企业缺乏一个真正有战斗力的团队。

要延长企业的生命力,就必须提高企业团队的竞争力。企业间的竞争,就好比是接力赛又好比是篮球赛,如果只有一两个英雄队员,终究无法赢得最后的冠军,更谈不上保持长久的竞争力。而一个真正的百年企业,必定是一个培养优秀团队的军校。

然而,我国的许多公司常常只关心利润这个结果,而完全不顾为获得利润所采取的方法是否得当。这种倾向常常导致一些企业急功近利,不择手段地谋取一时一事之利。还有的企业,即使获得了不错的利润,却很少用于团队建设,而等到最需要团队的时候,恰恰一切都晚了。须知一个企业通过不恰当或不正当的手段可能会获得一时之利,但却会损害企业的健康,缩短企业的寿命。如果领导者把注意力都放在利润增长与业务发展之上,而忽视了对企业团队的培养和管理中存在的种种弊病,将会在企业发展过程中埋下隐患。

我们可以想象,一架凭着强劲风力与动力冲上蓝天的飞机,在准备展翅翱翔的时候,却发现发动机的马力不足!结果会如何呢?风光只能是昙花一现,摔落却是必然。

不景气的市场淘汰不争气的企业,提升团队的整体竞争力是未来企业竞争的有力武器。

中国企业的管理现状让人担忧,尤其是民营企业,面临着巨大的管理危机。中国企业的发展也经历了近百年的时间,尤其在中国改革开放后的20年,中国企业管理模式也随之发生了很大的变化,许多优秀的国有企业、集体企业和私营企业逐步形成了自己的行之有效的独特风格,当然合资企业和外商独资企业的出现也给中国企业带来了许多观念上的冲击。如果仔细研究中国企业目前的管理现状时,可以发现很多隐患。如企业的管理体制不健全,没有规范、系统的管理制度,也缺乏有效的激励机制,招聘人才难,留住人才更难,更谈上打造一流的团队。

我们接触或服务过的企业中,大多数企业是靠经验长大的,我们在咨询调研时居然找不到成型的文件;我们不少企业缺少培训体系,或者认为培训花钱,就不培训;管理者往往是"开国元勋",出了问题不承担责任,只是训斥部下,有了成绩都是自己的……怪现状不一而足。

序言
XUYAN

　　大多数企业都是在新问题出现后才被动做出反应。追随着其他企业新管理制度和管理大师给的"妙方"加以复制，却很少顾及新制度与原有制度之间的逻辑关系及新制度是否适应本企业的实际情况等等。如果依靠模仿其他企业的管理方法就能管理好企业，那么所有认真阅读"经典"并"照方抓药"的企业就都该战无不胜，而事实显然不是这样。在管理实战中，没有哪个企业所面临或拥有的外在和内在条件都与经典假设一般无二。照方抓药，虽不能说一定会"失之毫厘，谬以千里"，但得不到想要的结果却是肯定的。作为管理者，要做的一切工作无非是整合人、财、物，把握天时地利人和，运用团队的力量，完成企业的使命。

　　在这个快速变化的时代，任何教条的做法都只能导致失败，而审时度势、因地制宜已成为成功管理的最重要因素。

　　王超是我们公司的骨干分子，是我们巨思特公司（以下简称巨思特）的元老级员工，我全程见证了他的成长历程。他不仅有着出色的业务能力，更被我们任命为"巨思特独立团团长"。近十年来，他真正是和客户共同成长的，参与或目睹了客户的发展历程，了解了这个过程中的经验和教训。我们巨思特的管理本身做得过硬，闯过了从企业创建到成长的激流险滩，管好了咨询顾问这支最难管理的精英团队。而王超在公司的成长过程中担负了不少建立团队的种种重任，积累了丰富的团队管理经验，也为众多企业客户提供了优秀的团队培训和顾问。他的成长历程和团队管理、培训咨询经验，应该能为读者带去有益的帮助。

　　以此为序，但愿我们中国能诞生更多优秀的团队，为成就民族企业的基业长青打下坚实的基础。

李强
2011年1月于北京

目录

第一部分　管理自己——相信自己，才能战胜自己

第一章　起点：选择改变人生
为了自己的梦想，全力以赴 …………………………………… 4
成功的第一步——给自己机会 ………………………………… 8
捆绑销售——"牛"气的求职路 ……………………………… 11

第二章　转折：困难是一块磨砺石
在哪里跌倒，就从哪里爬起 …………………………………… 16
要让事情改变先改变自己 ……………………………………… 21

第三章　"独立团团长"：找到团队的感觉
从"特种兵"到"独立团团长" ……………………………… 32
优秀、融洽、合作，才能共赢 ………………………………… 37

第四章　挑战：改变自己才能获得成长
最大的对手不是别人而是自己 ………………………………… 44
今天，我是舞台的主角 ………………………………………… 48

第二部分　管理精英——构建高绩效团队

第五章　团队：能用众力者无敌于天下
物竞天择，适者生存 …………………………………………… 60
从"我"到"我们" …………………………………………… 65

从《西游记》看高绩效团队 …………………………………… 69

第六章 看人：领头人需独善甄选的智慧

小胜凭智，大胜靠德 …………………………………………… 76
德与才，孰轻孰重 ……………………………………………… 82
坚韧的责任心比能力重要 ……………………………………… 86
积极主动的态度比能力重要 …………………………………… 89
别跌倒在自己的优势上 ………………………………………… 94
忠诚才会形成归属感 …………………………………………… 97

第七章 用人：简单的人际关系最轻松

"马斯洛＋1"的需求理论 ……………………………………… 102
最好的沟通是善于倾听 ………………………………………… 107
理解员工发牢骚的冲动 ………………………………………… 111
授权是最大的尊重和信任 ……………………………………… 115

第八章 留人：让企业变成第二个家

尊以爵，赡以物，则士来矣 …………………………………… 122
接以理，励以义，则士死矣 …………………………………… 126
赏识、认同员工的个性 ………………………………………… 129
为精英人才规划职业生涯 ……………………………………… 133

第三部分 团队无敌——打造团队核心竞争力

第九章 打造团队吸引力

复制同一个价值观 ……………………………………………… 142
卓越的领导力眼光和气度 ……………………………………… 146
凝聚力是团队精神的最高境界 ………………………………… 150

第十章 打造企业软实力

同心圆——文化是环环相扣的 ………………………………… 154
家庭式文化——你是我的天使 ………………………………… 158

校园式文化——企业和员工一起加速跑 …………………… 162
军队式文化——没有任何借口 …………………………… 165

第十一章 提升企业执行力

公平,纪律是悬崖上的护栏 ………………………………… 170
管理,要把一碗水端平 ……………………………………… 172
分解,让工作程序标准化、流程化 ………………………… 175
沟通,推倒内部信息防火墙 ………………………………… 178
竞争,引入"鲶鱼"激发潜能 ……………………………… 181
激励,人是活在希望当中的 ………………………………… 184

第十二章 管理就是经营人心

包容,领头羊的个人魅力 …………………………………… 188
真诚,把心交给团队内每一个人 …………………………… 192
决断,拖延比做错事更可怕 ………………………………… 195
领导,管事+理人 …………………………………………… 198

后记:学习,改变未来的竞争 ……………………………… 201

第一部分

管理自己——相信自己，才能战胜自己

第一章 起点：选择改变人生

鹰的故事相信很多人都听说过。有一只鹰从小和一群鸡一起长大，后来它和鸡一样只愿在家里生活。然而由于村里的人经常怀疑自家的鸡被它吃掉，主人不得不将它放归自然。

他们把鹰带到村外的田野上，过不了几天那只鹰又"飞"回来了，他们驱赶它不让它进家门，甚至将它"打"得遍体鳞伤……许多办法试过了都不奏效。最后他们终于明白：原来鹰是眷恋它从小长大的家园。

为了自己的梦想，全力以赴

要学会"遇到事情就要知道解决的方法"，多参考周围的案例，既要参考成功的案例，也要学习失败的案例。亲身的经历最值得分享与交流。我甘愿成为一面镜子，愿我的经历、心得，能为大家提供一些借鉴。

成功要趁早，要及早进行人生规划，认清自身的优势和弱点，制订切实可行的目标。人都要赚钱吃饭，但有梦想的人生并不是随便找一份工作，要权衡利弊，看它是否符合你的发展方向，对你的未来是否有帮助。

没有经过失败洗礼的人，永远不能成为强者。当你遇到，就会知道。当你知晓了别人曾经失败的缘由，就已经有超过80%的把握去战胜未来也许会遇到的难关，知道如何去解决面前的拦路虎，知道如何去打败它。

当今这个社会有四种人生：

第一种是"。"句号人生，没有思想，没有梦想，没有激情，这种人心已经死了，不再有进取心，随遇而安，没有规划，没有目标，行尸走肉一般；

第二种是"？"问号人生，这种人有思想，有想法，有做事情的愿望，但是没有确切的目标，对于前途比较迷惘，没有规划；

第三种是"："冒号人生，有梦想，但是没有为实现梦想而做的行动，有目标但是不具体，只是空想；

第四种是"！"惊叹号人生，有梦想，有奋斗目标，有近期、远期规划，有实际行动。

现在，要从我的"。"句号人生说起。我是河北沧州人，毕业于天津

第一章
起点：选择改变人生

政法学院，毕业以后被分配到了一家市级人民检察院，从此过着循规蹈矩、朝九晚五的生活。

对于大多数的人来说，生活不过是每天上学或者上班，看书或者看文件、打电话，生活就这样继续着，没有为什么，就是这样地生活着：每天八点准时到公司，下午五点准时下班，每天重复着同样的作息时间，每一天都是前一天的重复，按部就班、乏味枯燥、千篇一律。生活就像流水线上的一个零件，按照规律的流程运转，不断地装配、前进，周而复始，天天如此，你只能按部就班地走一样的路，习惯着去做就是了。

有一天我和我们的科长一起下棋，我们的科长五十多岁，我在和他下棋的时候，我就发现他没事老是唉声叹气，本来我的兴致挺高的，他这一唉声叹气影响得我也就没心情了。

忍不住问他："科长，你老唉声叹气干什么？有什么烦心事吗？"

科长说："哎，你不知道，小王，随着年龄越来越大，我越来越郁闷。我都五十多了，眼看就要退休了，才混到科长的位置。儿子结婚是找人借的钱，还有买房子，女儿结婚……"

科长跟我说了很多，我越听心里越不是滋味，我在心里暗暗地问自己："今天的科长就是三十年后的自己吗？王超啊，王超，这难道就是你想要的生活吗？我的理想呢？我的美好未来呢？"

在那之后，我有了越来越重的失落感和危机感，伴随我的是一个又一个的"？"，我不止一次地问自己，我的人生的目的是什么？我到底想做一个什么样的人？怎么样过才有意义，才有价值？我希望从我在工作岗位日复一日年复一年的付出中体会到这些，但是结果却让我非常痛苦。我可以做的，就是在设定好的位置里，按照别人的思想来做事。

人的一生，最糟糕的境遇往往不是贫困，不是厄运，而是精神和心境处于一种无知无觉的疲惫状态：感动过你的一切不能再感动你，吸引过你的一切不能再吸引你，甚至激怒过你的一切不能再激怒你。这时，就必须要寻找另一种人生的风景。

也许有人会说：我的单位效益不错、我是正式员工、我有职称收入稳

定、我有编制有福利……其实世间万物皆在变,唯一不变的就是"变"!每个人拥有的只是现在,不等于能够一直拥有直到永久。国有企业关停并转,知名公司破产清算,百年老店被人接管,跨国机构强制裁员,这样的事情不是天天在发生吗?谁敢保证自己端的永远是一只"铁饭碗"?

像很多人一样,我也舍不得丢弃这份让我衣食无忧,让我体面的生活的工作。但是有半年的时间,我一直在想一个问题,人生就应该是这个样子吗?我对自己的人生就完全不把握吗?全部都由别人、由环境来说了算吗?。青蛙在温水里会随着水温的慢慢升高而变得麻木,失去求生的本能。我呢,要做一只在平平淡淡生活中消耗自己青春年华的青蛙吗?我知道,我无法再去被动地接受无商量地加温。要么跳出水池,要么继续麻木。

不久,我做了一个我前半生当中最重要的决定——辞职下海!因为我的生命再长,却没有意义。我不想这样。

人生往往很多重要的决定都是在不经意间做出的,有些随意,又有些突然。你在一生中可以有所作为的时候只有一次。那就是现在,然而,许多人却在悔恨过去和担忧未来之中浪费了大好时光。既然按部就班地上班心有不甘,那就不如全靠自己不断地去挑战,修正日后的人生轨迹,只能前进,不能后退,为了自己的梦想全力以赴。

人生最重要的应该就是自己从内心开始奋斗,这样才有价值。既然我们不能决定生命的长度,那么我们就来控制它的宽度。

应该说,每个人都是自己命运的设计师和建筑师。我们每一天都处在生命中的十字交叉路口,我们必须自己做出决定,选择自己该朝哪一个方向去走。你的一生是否精彩,关键就在于你自己的选择。人生的重大决定在于选择。你的选择决定你的将来,你的选择决定你的命运,你的选择决定你的前途。未来如何,就把握在自己的转念之间。

曾有人做过实验,将一条最凶猛的鲨鱼和一群热带鱼放在同一个池子,然后用强化玻璃隔开。

最初,鲨鱼每天不断冲撞那块它看不见的玻璃,奈何这只是徒劳,它

第一章
起点：选择改变人生

始终不能到对面去；而实验人员每天都放一些鲫鱼到池子里，所以鲨鱼也没缺少猎物。只是它仍想到对面去，想尝尝热带鱼的美味，于是每天仍不断地冲撞那块玻璃。它试过了每个角落，每次都用尽全力，但每次总是弄得伤痕累累，有好几次都浑身破裂出血，持续了很多天。

每当玻璃一出现裂痕，实验人员马上加上一块更厚的玻璃。

后来，鲨鱼不再冲撞玻璃了，对那些斑斓的热带鱼也不再在意，好像它们只是墙上会动的壁画一样，它开始等每天固定出现的鲫鱼，然后用敏捷的本能狩猎。

最后，实验人员将玻璃取走，但鲨鱼却没有反应，每天仍是在固定的区域游着。它不但对那些热带鱼视若无睹，甚至当鲫鱼逃到那边去，它就立刻放弃追逐，说什么也不愿过去。

实验结束了，实验人员讥笑它是海里最懦弱的鱼。

为什么"最凶猛"的鲨鱼成了"最懦弱"的鱼？因为强化玻璃的阻隔，成了它无法逾越的边界，而一时无法逾越，使它形成了固定不变的观念，即使玻璃被取走也没有改变。

在我们的生活和工作中，也存在这种观念上不可逾越的"边界"。其实，很多东西你不勇往直前，你永远不知道你会到达那里。有的时候，害怕只是人心里面的一个障碍，你真的做了就能够对得起自己。

阅读感悟

_____

_____

_____

_____

_____

成功的第一步——给自己机会

当我把这个决定告诉我父母的时候,我以为迎接我的将是一场暴风骤雨。毕竟,拥有一份稳定的工作,守着一个满足温饱的"铁饭碗",在我们的家乡尚算是一种"体面"的人生。然而,听到我的决定后,我的父母很平静地跟我说:"超啊,你有选择自己未来的权利,不管你做什么决定,你都要想清楚,一旦做了决定就无法回头了。将来,你过得好,我们为你高兴;将来,你过得不好,不要嫌你的父母没有本事。"

父母的这种态度,虽然没有正面的支持,但是仍然帮我坚定了辞职的决心。我必须要改变现有的生活状态,一切从新开始。

离开了单位,我成了一个"赋闲"在家的"宅男",满脑子都是理想,也终于发现除了做出辞职的决定外,我并没有很清晰的人生规划,我只有对未来生活状态的憧憬,却还没有想清楚通向理想的路要如何去拼搏、奋斗。

这段时期,耳边开始不断地响起异样的声音,以前的同事、周围的邻居、从小玩到大的兄弟们,不是劝我回原单位上班,就是嘲笑我当初的鲁莽决定。外界的压力不断袭来,我只能在心中安慰自己,相信自己的决定,人生没有十全十美,人生里面总是有所缺少,我想得到一种新生活,就必然要放弃旧的生活。我不能再犹豫下去了,必须要有一个开始。我既然选择了,就要勇敢地接受生活中随之而来的一切,而不必以他人的价值取向来否定自己。

有个故事告诉我们行动的重要性,有一个穷和尚和一个富和尚都住在

第一章
起点：选择改变人生

一个偏远的地方，有一天，穷和尚对富和尚说："我想到南海去，您看怎么样？"富和尚说你凭什么去呢？穷和尚说："一个水瓶，一个饭钵就足够了。"富和尚说："我多年来就想租船沿长江南下，现在还没做到呢。你凭什么走？"第二年，穷和尚从南海归来，把去南海的事告诉了富和尚，富和尚深感惭愧。目标虽然看似遥远，可是如果不去行动，那么连实现的可能也不会有，没有行动的人只是在做白日梦。

心动不如行动，光想不做，将永远没有实现计划的可能。看着手中的地图，我一眼看到了深圳这个坐标，深圳是一个充满魅力的、年轻的城市，是我们年轻一代都向往的城市，能给年轻人提供广阔的发展天地，只要我肯努力，我一定有机会！我相信，深圳不会让我失望的！

就在那段时间，我得知李强老师在深圳。李强老师是我们河北沧州人，既是老乡，又是熟识。于是，在和我的父母辞别后，我和我的一位同窗好友，一起南下来到了深圳。双脚踏上深圳的土地，尽管我还分不清东西南北，可是我不害怕，带着一身的傲气，心中充满了壮志豪情，我要开始我的新生活了。时至今日，我还深深地记得，当我们到深圳火车站的时候，是李强老师开着车接了我们。

那时候，李强老师刚刚在深圳创办"巨思特"。李强老师开车接我们来到巨思特总部，让我们震惊的是，那时候的巨思特真的是"非常大"，建筑面积64平方米。狭小的空间包括董事长及夫人下榻的地方、办公室、厨房、厕所，更容纳了十几个人的住宿……那就是我们巨思特的雏形，那就是我们巨思特创业的地方。但是，依然让我们对未来充满信心。

看着满腔热血的我们，李强老师说："兄弟啊，在我这里可以管吃管住，但是工作必须自己出去找。"那时候年轻气盛，根本对这些无所谓。拍着胸口坚定地说："没关系，工作我们自己找。"

当一个人真正远离了自己家乡而去远方为自己的明天而奋斗时，才会体会到了什么才叫做生活的艰辛，什么才是真正的长大了。那些我们曾经整天在父母的关心、细心地照料下的时光已不复存在了。出门在外，能有一个同乡为自己提供一个落脚点是一件特别值得我们感恩的事情。

9

路还是要靠自己走。从我们开始学步的那一刻起，父亲就给我讲了这个一生都要明白的道理。而自己找到方向、找到路，是我们每一个人都必须有的历练。

阅读感悟

第一章
起点：选择改变人生

捆绑销售——"牛"气的求职路

来到深圳的第二天，我们就迫不及待地开始出去找工作。我认为我们是当时找工作的人当中最"牛"的。

我们有两"牛"：第一牛，我们来深圳的时候，每人身上带了3000元钱，因为初来乍到，不认识路，所以每接到一家公司的面试通知，都是毫不犹豫地打车去。第二牛，去一家企业应聘，如果他们只聘用了我们其中一个人，被选中的一个坚决不干，要干就两个人一块干，能和"铁哥们"并肩作战是件多么令人羡慕的事情啊。

那是很"牛"的一段岁月。就这样一下子时间推移了半个多月，我们依然没有找到一份工作，而口袋里的钱已经越来越少，眼看着就要支撑不了我们生活了，但是我们依然在商量对策。

我说："兄弟，咱得抓紧干啊，可咱们怎么干啊？我们自己不能来到深圳以后就这样什么也不干了。我们必须尽快找一份工作。"两个人面对面坐了很久，现实让我们不得不低头，左手是友情，右手是工作，我们两个人都十分清楚，再这么"牛气"的捆绑着找工作，我们就得狼狈地打包回老家了。我们终于做了一个决定，假如一个企业只肯留下我们其中的一个人，要谁，谁就留下。

而这种状况在现在一些公司也是经常发生。两个员工或因为是同学、同乡，或因为曾经一起共事，也一起努力在公司做出了一些不错的成绩。所以要发扬哥们义气，便结成同盟，共进退。

中国人向来都把"义"看得很重。儒家尊崇的"仁、义、礼、智、

信"中的"义"就排在第十位。血气方刚的年轻人更醉心于哥们义气式的友谊，喜欢依照武侠小说中的那些"侠客"们"拜把式"的朋友关系，认为这样的关系才能证明自己够义气。

只是，过分沉溺于这份深沉的友谊当中，就会慢慢失去理性，多半会感情用事，一种情况会失去思考的本能，而过于依赖对方的思想和决定；一种情况会过于主动，而没有顾及那些碍于面子或为了"哥们义气"而不表明观点的朋友们的感受。这两种都不合适，所以过于"义气"用事，有时不仅不能起帮助作用，反而使双方都会面临着麻烦。

不能否认，我们给予对方的友谊都是真诚的、热情的，但是由于方法的不合适，而使双方一再面临职场的选择，体味着就业的压力。

当我们解开心结，各自谋求职业的时候，我们各自的优势都在不同的角度显示出来，我们也都开始了来深圳后真正的理性思考。

没过多久，我找到了我在深圳的第一份工作……在一家灯具卖场。老板选中了我，觉得我的朋友不是十分适合而放弃了他。当时的他只是拍着我的肩膀对我说："行啊，好好干吧，我们两个人总算有一个人有工作了，是好事。"

然后老总告诉我一句话："在这里工作，前一个星期为试用期，没有一分钱的工资，只包你吃住。"我说："好，我干。"

在整个灯具卖场，在前台销售的一定是漂亮的女士，男士们只能在后台做一些苦力的工作，搬工具啊等等，都是一些粗重的体力活。直到现在我还深深地记得，上班的第一天，我的双手就划破了很多口子。在这段辛苦的工作中，我深深地体会到了，什么叫辛苦……

许多时候就是这样，目标与现实之间，往往具有一定的距离。初到深圳的辛酸与在家乡朝九晚五的悠闲是没有办法比的，既来之，则安之，此时我们必须学会随时去调整。怀揣3000元闯世界的优越感，早已荡然无存。曾经感觉自己很强大，感觉自己很有能力，感觉自己很有想法，感觉自己做什么都可以成功，感觉自己比很多人要强，感觉自己注定与众不同特别……曾经的自己是那样一个拥有着优越感的人，这段时间的历练改变

第一章
起点：选择改变人生

了我的想法，想要成功，不吃苦不行。

新的生活，新的开始，自尊太强，优越感太重的人，将不堪一击。这世界要求我们在自我感觉良好之前，先要努力做出成绩。

半个月后，同学找到了卖场，落寞地跟我说："超啊，你能不能跟老板说说，我在这里一分钱不要，让我在这里干好不好？"

我于是找到了我的老板："老板，您好，我这同学上次您见过的，他不要工资，只要包吃住，就在这里干，您看行不行？"

老板思考了很长时间，对我说："我这里真不缺人了，我这里的人已经足够了，希望你能理解！"所以当时我做了我人生当中、踏入社会当中的又一次决定，"那这样吧，你不要他，我也不干了。"

老板问我辞职的原因是什么？我说："因为留他一个人挣扎，我不放心。放眼这片陌生的土地，我们举目无亲，这时候该怎么办呢？……我也辞职，陪着他。"我对老板深深地鞠了一躬，"老板，谢谢你！"

当我们正准备要走的时候，老板拿出了300块钱，说："小王，把这300块钱拿着，我知道，你们现在急需用钱，不然，按你们这种素质和水平，你们绝不会到这种地方来干。所以这300块钱对你们非常有帮助。"在我身无分文的情况下，300块钱对我是多么的重要，但是，我拿着300块做的第一件事，就是把钱推到了老板的面前："老板，谢谢你，我来到了深圳，我确实缺钱，但是我最缺的是朋友。"

老板可能被我这一刻这句话感动了，他又把钱给了我，在无奈的情况下，我拿出300块钱其中的100，我对老板深深地鞠一躬："谢谢你，拿100就够了，这100算我借你的，只要王超在深圳一天，能够生存一天，我一定还给你，这是王超的承诺。"

之后我就拿着这100块钱离开了，整个这件事情被李强老师知道了，李强老师正好在温州培训，一走就是半个月，他回来后，我们就被打了小报告："哎呀，你那俩老乡钱都花完了，快要跟公司同事借钱了，然后听说找了一份工作，不久就辞职了，只拿了100块钱就走了。"李强老师当时给公司所有的同事打了一遍电话，说了一件事："如果谁要借给他们俩

人一分钱，我立马开除他。"这件事是我事后才知道的，当时不知道，我深深地在问我自己"王超啊王超，你怎么人缘处得这么好，别人怎么不借你钱呢？"后来才知道，后面有这样一个经历。

至今还让我铭记在心的：在深圳生活最难的时候，我们每人每天只吃一个馒头。后来我们拿着这100块钱就走了。在这时候正好李强老师从温州风尘仆仆地赶过来，赶过来以后正好我拿着100块钱来到了公司，李强老师说："兄弟啊，可能我害了你们，今天，你们可能感觉一个老乡在你刚踏上社会的时候，在你身边支撑着你，但是，我真的错了，我真的害了你们。"所以李强老师做了一次更加残忍的决定："我唯一能够帮到你们的就是每人给你们两张报纸。"

后来的后来，我想通了李强老师的一番苦心。依赖别人的照顾直接的危害就是让我们不能自力更生，无法自食其力。

人的一辈子，只有小时候生活不能自理时，要靠父母抚养。当生活能自理时，你就应该有独立自主的良好习惯了，再不能依靠他人。养成依靠他人的思想，终身生活是不牢靠的。纵然你暂时找到了理想的靠山，但靠山不能替你工作。由于情况和原因的变化，依靠别人是难靠得住的，人生最可靠的是自身勤奋有知，人生中最可靠的还是自己。一个人自身要求不严，不能刻苦，贪图享乐，事事想找关系，时时想找靠山，以关系、靠山来维持走人生理想的路是没有把握的。

阅读感悟

_____
_____
_____
_____

第二章　转折：困难是一块磨砺石

在深圳求职的日子，是我人生面临的第一次难忘的磨炼。然而，就是这次磨炼，让我有了真正成长的机会。也是李强老师，教给我在人生中如何自立的道理，使我在今后的人生中走得更坚实，更有力！

困难，就是一块磨砺石，如果说我们自己是一把宝剑的话，磨砺得越多，锋芒也就越闪亮。如果我们面临困难，就随意放弃的话，那只能说明我们什么也不是。

面对困难，什么态度，将成就什么人生！

在哪里跌倒，就从哪里爬起

李强老师的话刺激了我们，人是有骨气的，两张报纸我们都没要，就走了。

李强老师公司所在的写字楼，在四楼有一个空中阳台。我们原先在李强老师公司住的时候，跟附近的小超市的关系处得不错，因为经常买东西、买烟、买酒……相对还比较熟络。我们就到那里要了几张报纸，就在那阳台上，地上铺好报纸，搬几块砖头当枕头，就这样整整在那里睡了十五天。

每天忍饥挨饿，每天只吃一个馒头，那张从灯具城老板那"借"来百元的大钞，一直在小心翼翼地保存着舍不得花。我暗暗地告诉自己，这100元千万不能动，千万不能动。终于，我除了这100元，身上再也找不出一块钱了，没办法该花的还是要花。我们拿这100块钱做的第一件事情就是到超市里买了一瓶二锅头、买了一包花生米和一袋榨菜。都说"借酒消愁愁更愁"，拿着半个月来最丰盛的一顿"大餐"我们回到"空中花园"的阳台上，两条腿悬着空，无声地喝着酒，心情非常的惆怅。

人一喝酒感情就比较丰富，看着马路上车来车往，我跟我的同学说了一句话："深圳这地方，你看到吗？这么多的车，车水马龙，哪一台车属于我们俩呢？"刚说完这句话，听到远处传来一个声音"爸爸妈妈，吃饭了"一抬头，楼上，一个孩子叫他们的父母吃饭。我们想象着他们一家人其乐融融地吃饭、看电视、聊天。我无限感慨地说："这才是幸福！兄弟，万家灯火，哪盏灯属于我们俩？"那一刻我们俩无语了。难道我们要

第二章
转折：困难是一块磨砺石

让深圳之行仅仅开了一个头，描绘完梦想的"："（冒号）之后，就再也没有下文了吗？

在传统观念中，男人们的形象就是有苦自己扛，不习惯别人的安慰和倾诉。我以前以为男人只能流血不能流泪，认为做人誓不低头，都说"男儿有泪不轻弹，只是未到伤心处"，虽然我们没有流出眼泪，但是，那天泪水却始终在眼眶里打转。我们都想努力地说些安慰和鼓励对方的话，聊聊我们来深圳发展的期望和目标，在老家我们是对个人前途的担忧，可是如今我们甚至解决不了我们自身的温饱问题。

在通往成功的道路上，没有失败经历的人是极少数的特例。聪明的人在哪里跌倒就从哪里爬起，通过不断地吸取教训和总结经验，最后成为职场明星。

而懦弱的人遇到一次失败就猛敲退堂鼓，是十分不可取的。

凭着一股热情，因为过分自信而"败走麦城"是必然会出现这样的状况。关键在于如何面对失败。

那天，喝完酒以后，我们到后边的花园溜达，因为整整睡了15天的阳台，人也黑了，头发也长了，浑身上下清楚地写着两个字："落魄"。从远处走来两个警察，看见我们以后，就径直朝我们走了过来，用严厉的口吻喝问我们："这么晚了到处乱逛，还一身的酒气，你们是干什么的？"我是学法律的，我认为警察应该是最公平公正的，只要我没有做违法的事情，警察永远不会来找我的麻烦。但这一刻我把我过去所有的想法都推翻了。那一刻我们感觉连警察都是不公平不公正的。如果像现在一样：穿着西装、打着领带，警察绝对不会问我，更不会以这种问讯的口气。他们对我产生怀疑就是因为我们的落魄，所以警察都会瞧不起你，呵斥你。我说："我们是这楼上公司的，吃完饭，溜达溜达。""大晚上的，在这里不安全，我们送你上去。"我很清楚，他不是送我们上去，他是不知道我们到底是干什么的，他们要证明我们是不是两个骗子。

上了15楼，警察叩门，李强老师开的门，警察很客气地问："看看这两个人是不是你的员工？"李强老师看着两个警察说："这是我们两个员

工,我说了他们两句,不高兴了,然后就走了。今天太晚了,不让他们溜达去了。"

警察走了,李强老师关上了门,李强老师坐在他的办公坐上说了一句话:"兄弟啊,你们整整在阳台上睡了15天,这15天,你们知道吗?我……李强,也没睡一个囫囵觉,我也在担心啊!凭李强现在的能力可以完全可以给你们买一张火车票让你们回去,但是你们回到家,如何面对你们的父母?"

那一刻我们俩流泪了,"男儿有泪不轻弹",但这一刻我们哭了,而且嚎啕大哭,李强老师看着我们:"这样吧,我给你们俩一个机会,从明天开始,在我这里工作,没有底薪,拿业绩提成,给你们300块钱,明天洗个澡,理理发,买件衣服,打个领带,出去拜访客户。"

人在一生中,总会遇到几个人让你铭记在心,或憎恨或感恩的人。尤其是在年轻的时候,在迈出人生至关重要一步的时候给过你帮助的人。客观地说,在那时候,遇到怎样的人、怎样的事或怎样的机遇,已经决定了我今后可能走的道路。应该说,那天,李强老师不止打开公司的门替我解围,更为我的人生打开了一扇门。

如今,我站在路口回望来时的路,感谢上苍对我如此眷顾,给了我一段坎坷却充满美好回忆的生活经历的同时,也让我拥有了一颗懂得感恩的心。人生道路有多么重要。

对李强老师的感激,我始终铭刻在心:无论做什么工作,我都将用十二分的努力和责任心去完成,做好他交付给我的每一项工作,是我能给予他的唯一的报答。

当你再也没有什么可以失去的时候,就是你开始得到的时候。

刚到深圳,刚参加工作,没有客户,哪来的客户拜访?做过销售的都知道,有一种拜访客户的方式叫"扫楼"。我想,如果没有之前那一段四处碰壁,或者是磨砺,我是没有当时的勇气,去一家挨一家地拜访,尤其是这种不受欢迎的"拜访"。

开始的几天,我们总是从一楼向顶楼拜访,越爬脚步越沉重,往往爬

第二章
转折：困难是一块磨砺石

到顶楼的时候，敲开门已经说不出话来了。几天以后我们扫出经验来了，每到一座大楼都坐电梯到顶层，从最顶层往下走，这样最节省体力，好让我们找到尽可能多的机会。

到任何一家企业，我们都会非常礼貌地介绍："你好，我是巨思特的，我是做培训的，我们的课程一定能帮到您，希望您能参加。"

"去去去，干什么的？出去。"这是我们听到的最多的答复。被拒绝和驱赶的情况占绝大多数，大家都比较排斥，常常会吃闭门羹，偶尔会有一两家企业留下我们的名片，表示会考虑接受我们的服务。但基本都是石沉大海，无声无息了。

应当说，在十几年前，那个时候企业和管理者对做培训还不是很了解，也没有参加培训的意识，也都没有培训的计划，认为培训对企业来说不重要或无所谓。

走访时，我发现虽然很多企业处于"生存还是发展"的矛盾之中，但是，基本上所有企业的管理者及员工的培训意识普遍比较薄弱，对培训不够重视。企业的管理者认为，在开展培训工作的过程中面临着很多困难，大部分的企业认为组织实施环节有难度，甚至认为培训与生产经营相互冲突；员工对培训也不理解，很多人将培训视为一种可有可无的福利甚至负担。

当然了，遇到了这么多的不理解，面对着无数次的拒绝，在巨思特工作的第一个月，面对着李强老师，我们都觉得无言以对："老师，我们真的不适合吗？我们这个月一分钱的业绩都没有。"

李强老师对我们说了这样一句激励的话："兄弟啊，你们第一个月没出一分钱的业绩，是在我预料之中的，我要求的是第一个月不要你们出业绩，需要的是你们体验到这种过程就好了，这是我最大的希望，你们有收获。"

随后，李强老师给我们做了一个小游戏，来测试我们的销售潜质和能力。每人一张A4纸，2次对折，撕成书的样子，第一张写名字、公司名称、电话，以下依次：1.个人肖像画；2.你的家庭成员；3.你的梦想是什

么？4.你从事的是什么职业？5.你认为最快乐的一件事。然后一分钟介绍，把以上全部说清楚。这个游戏的目的就是为了突出口才在销售中的重要性。

从这个小游戏中，我们开始学着去梳理我们的思路，希望能以更好的表达思路来为我们的销售赢得更多的机会。

老师对我们的这种爱护和培养的心态，让我们坚定了继续工作下去的决心。不夸张地说，李强老师是我的同乡，在深圳我举目无亲，巨思特给了我一份工作，他们都是我最亲的"家人"。

现在想来，那些企业在遇到人才荒的时候，第一个想到的招揽人才的办法就是到同行中挖墙脚，找现成的人用，不会给现有员工或是新聘用的员工进行系统的培训，让他们拥有与企业同步成长的机会。这样下来，流动状态的员工对企业就无法产生强烈的归属感，容易跳槽，也很难充分发挥个人最大价值。

巨思特延续至今的"家文化"恰恰说明了这一点：来到巨思特，就必须全身心地融入其中，在理解企业文化的同时，尽力寻找自己团队归属感，从心理上把巨思特当作自己的"家"，有强烈的主人翁意识。此时的企业也必须为新人创造一种"家"的氛围，使新人在潜移默化之中与公司、与同事建立起微妙的情感链——归属感。

如果一个企业希望获得可持续发展，在市场上具有持久的竞争力，就必须培养员工的主人翁意识，这一点，巨思特做得非常好。

阅读感悟

_____
_____
_____
_____

第二章
转折：困难是一块磨砺石

要让事情改变先改变自己

在巨思特工作到第二个月的过程中，我深深地记得有一次，电话预约好了去拜访一个企业。一路上，我们都是十分的兴奋，不停地说："哎呀，终于找到一家有培训意向的企业了！看来我们的运气还不错，我就说嘛，只要咱们肯努力，一定会有成绩呢，你看，机会这么快就出现了，功夫不负有心人啊！"

到了那个公司，碰巧前台没有人接待，我们俩就直接走到董事长办公室门口，脸上还挂着掩不住的笑意。轻轻叩了下门，董事长说："请进。""您好，我们是巨思特的，我们是做培训的，我们一定能帮到您，希望您能参加我们的课程。"哪知道，或许是那个老板的心情不太好，迎接我们的是一阵咆哮："谁让你进来的，滚出去！……"

愣了一下，我们想马上解释清楚我们的来意，并说明我们是跟他有预约的，我捺着性子，很得体地跟他解释："谢谢您，不好意思，打搅了。之前我们在电话里通过话，可能您现在有重要的事情要处理，那我们改天再来拜访。再见！"哪知道我们正在转身的时候，那个老板把满满一杯茶水直接泼到了我的腿上，那是一杯刚冲的茶水，我们狼狈地跑了出来。

挽起裤脚，腿上被烫得红红的一片。我的同学激动地说："不行，我找他去，他可以不参加我们的课程，但是他不可以侮辱我们。"

我赶紧拦住了我的同学，我说："兄弟，感谢他吧，记住今天，记住他，就是因为他今天的态度，更应该让我们的内心当中增加一种定力，我们一定要出人头地，不然的话，在深圳这个地方……现在反而让我清醒，我终于明白了，在深圳这个城市，是有钱人的天堂，如果你不能让自己成为有钱人，这里就是地狱。没人会对我们讲感情，今天他拿茶水泼我们，只要我们努力，将来有成就，下一次，他一定会拿茶水来敬我们！今天我的话说在这里，这家企业未来一定是我的客户。"我转身拉着同学离开了！

销售是先处理心情，再处理事情，要时刻保持一颗平常心。现在想想，那一天，我学到了一种能力——忍辱负重。这个社会，会遇到很多很多你不能忍受的事情，但是你不得不忍受。而你不忍受就不可能成功。为什么，因为你不忍辱负重，你就没有时间，你就没有空间，没有走向未来的机会。如果你想走向未来，最后变得更加强大、更有能力，你就必须要做好给自己留下足够的时间和空间。轮到我们自己的生命，要想为一个伟大的目标而奋斗的时候，你必须要排除生命中一切琐碎的干扰，因此你就必须忍辱负重，不能意气用事，这个世界上让你气不过的事情太多了，只有你做出成绩的时候，这个世界才在你面前才能展开最光辉的一面。

"要让事情改变，先要改变我们自己，要让事情变得更好，先要让自己变得更好！"我很坚定地对我的同学说，"世界上只有想不通的人，没有走不通的路。"

第二天，我们一起去找李强老师。出乎意料的是我的同学做出了一个惊人的决定："李强老师，我决定不干了，原因是我吃不了那份苦，受不了那份累，最最重要的是我受不了别人对我的那份侮辱，所以我决定放弃。"当他说出这些话的时候，李强老师看了我一眼："超儿，你呢？""老师，我既然来了，我就没有退路，我一定要坚持下去！"李强老师深深地点了点头，没再说什么。

那是我到深圳后的第二次流泪，我亲自送我这位同学上了火车，当他上了火车的一刹那我流泪了，我从来没有过这种孤独感。在这一刻我发现剩下了我孤家寡人一个，我该怎么办？但是，无论如何，我绝对不能放弃。

回到公司，李强老师在他的办公室等我，看着突然变得落寞的我，他给我讲了一个很久以前的故事：有位秀才第三次进京赶考，住在一个经常住的店里。考试前两天他做了三个梦，第一个梦是梦到自己在墙上种白

第二章
转折：困难是一块磨砺石

菜，第二个梦是下雨天，他戴了斗笠还打伞，第三个梦是梦到跟心爱的表妹脱光了衣服躺在一起，但是背靠着背。这三个梦似乎有些深意，秀才第二天就赶紧去找算命的解梦。算命的一听，连拍大腿说："你还是回家吧。你想想，高墙上种菜不是白费劲吗？戴斗笠打雨伞不是多此一举吗？跟表妹都脱光了躺在一张床上了，却背靠背，不是没戏吗？"秀才一听，心灰意冷，回店收拾包袱准备回家。店老板非常奇怪，问："不是明天才考试吗，今天你怎么就回乡了？"秀才如此这般说了一番，店老板乐了："哟，我也会解梦的。我倒觉得，你这次一定要留下来。你想想，墙上种菜不是高种吗？戴斗笠打伞不是说明你这次有备无患吗？跟你表妹脱光了背靠背躺在床上，不是说明你翻身的时候就要到了吗？"秀才一听，更有道理，于是精神振奋地参加考试，居然中了个探花。

悲观与乐观同样的人生，异样的心态，由于人的思想境界不同，看待问题的角度也不相同。例如有一筐苹果，第一种人拣最好的先吃，第二种人拣最坏的先吃。表面上来看，第一种人该是乐观的，因为他每吃一个都是吃的最好的；第二种人应该说是悲观的，因为他每吃一个都是吃的最坏的。不过，事实上却适得其反，缘故是第二种人还有希望，美好在他的前面，第一种人只好靠回忆了，美好已成为过去了。你以什么样的目光看世界，世界就以什么样的目光看待你。生活中的很多事，或近或远，或远或近，往往是因自己的心态改变而发生了变化。积极乐观的人，像太阳，照到哪里哪里亮；消极的人，像月亮，初一十五不一样。想法决定我们的生活，有什么样的想法，就有什么样的未来。重要的不是发生了什么事，而是要做哪些事来改善它！

作为一名销售人员，最常见的失败原因，莫过于遭到一时的不如意就"落荒而逃"的习惯，要想成功，绝对不要因为别人说"不"，我就罢休。简单地说，成功的终极武器，就是毅力。

坚持不懈。被顾客拒绝一次，10个推销员有5个会从此打住；被拒绝第二次，5个人中又少掉2个；再被拒绝第三次，就只剩下一个人会做第四次努力了，这时他已经没有了竞争对手。

从事销售工作的朋友都知道,谁面对的挫折、拒绝愈多,谁能坚忍到最后一刻,谁就最有机会成为最后的赢家。没有失败,只是暂时停止成功。能够勇敢面对经常性的挫折,并挥别挫折的消极情绪,建立百分之百的自信心态,继续展开行动,不泄气、不丧失、不服输再奋战下去,就一定可以"险中求胜"、"绝处逢生"。

阻碍我们去发现、去创造的,仅仅是我们心理上的障碍和思想中的顽石。你抱着下坡的想法爬山,便无从爬上山去。如果你的世界沉闷而无望,那是因为你自己沉闷无望。改变你的世界,必先改变你自己的心态。

人生是不能轻易就说放弃的,人的生命是短暂的,生命属于每个人只有一次,失去便不再来,因此珍惜生命。每个人每天都是24小时,但是不同的人让这24小时有不同的长度。

我经常讲这样一则寓言:

上帝创造了驴子,对它说:"你从早到晚要不停地干活,背上还需要驮着重物。你吃的是草,而且缺乏智慧,你的生命将会有50年。"驴子回答说:"像这样生活50年太长了,最好不要超过20年。"上帝答应了。

上帝创造了狗,对它说:"你需要随时保持警惕,守护着你最好的伙伴……人类和他们的住所。你吃的是他们桌上的残食。你的生命是25年。"狗回答说:"像这样生活25年太长了,请您改变我的生命为10年吧。"上帝答应了狗的请求。

上帝创造了猴子,对它说:"猴子,你悬挂在树上,像个白痴一样令人发笑。你将活在世上20年。"猴子眨眨眼睛回答说:"主啊,如同小丑般活20年太长了,10年就够了。"上帝也答应了猴子的要求。

最后,上帝创造了人,就告诉他:"人,要有理性地活在这个世上,用你的智慧掌握一切,支配一切。人的生命为20年。"人听完后回答说:"主啊,人只活20年太短了。请您把驴子拒绝的30年、狗拒绝的15年和猴子拒绝的10年都赐予我吧。"上帝同样答应了。

正如上帝安排的那样,人好好地活了20年,接着成家立业,如同驴子一般,背着沉重的包袱拼命工作,然后,又像狗一样认真守护着孩子,吃

第二章
转折：困难是一块磨砺石

光他们碗里剩下的食物。到人老的时候，活得又像猴子一样，扮演小丑给孙子们取乐。

或许，很多人就是这样走过他们的人生。一个人一生经历的事、遇到的事很多，会快乐，会难过，会高兴，会失望。人们总是在得与失之中徘徊。但是人生最重要的是什么？当然是——快乐地享受每一天，珍惜自己所拥有的一切。也许会有遗憾，会有后悔，会有烦恼和忧愁，但那都是人生的一部分。所以，活着，就一步一步努力地向前走，永远不必苦苦询问自己都失去了什么，那没有意义。

人生的机会总是悄无声息地来到你身边，你抓到了就抓到了，你没抓到就没抓到，但走的时候让你后悔莫及！正所谓，机不可失，失不再来。不能把握住现在，就一定会在你放弃的原地遗憾踏步。

事实上，在那一个时期，艰难的不只是我自己。从10年前到现在一直追随在恩师李强老师身边的人，都共同经历了那段"无米下锅"的岁月。但是，就是这样一群在风雨飘摇中坚持下来的团队骨干，打拼出了今天的巨思特教育集团，风雨无阻，全力以赴。

在我们企业最困难的时候，企业就剩一万元了，怎么花大家来定。那时候我们真的是只有一个信念：有福同享，有难同当，我们巨思特经历过很多的风风雨雨，大浪淘沙，今天沉淀下来，还能留下来，还能在竞争激烈的社会挫折中有一席之地，巨思特有我们自己的优势，我们在经历痛苦挫折后仍然坚持，仍然乐观，即使是一碗打卤面，我们都会调整出我们最好的心态。在深圳创业的时候，李强老师经常亲自下厨煮面条吃，我们大家一致美其名曰"荣华富贵面"。我们之所以能坚持到今天，因为一直有一个开心的氛围，苦也开心，难也团结在一起，统计到9年后，最高一次记录，在李强老师家，一共煮了24锅面条，全体员工分批吃面，那是在任何一家企业都看不到的"盛况"。

在第三个月的奋战中，我认真地思考了我所做的工作，并从我的恩师和我的伙伴那里学到了很多的经验，我每天早晨不到6点钟就起床开始准备邀约客户。尽管仍然会每天在写字楼里面被保安追得到处跑，可是我一

直都在坚持,终于,凭借自己的努力,"一不小心"在公司所有员工的业绩评比中拿了个第一名。从那以后,我整整做了一年半的销售,每个月都是第一名,从来没有得过第二名。因为我觉得今天你完全可以做到第一名,为什么要做第二名,所以当时我做第一名的时候,我做了一个决定,既然得了第一名,我不要再做第二名!我一定要做第一名。这是从我送我的同学登上回家的列车那一天给自己的承诺,我一定要做到最好。如果没有这种决心,没有这种企图心,所有的一切都只能是空中楼阁、水中望月。

美国第一位亿万富翁洛克菲勒说,做最富有的人,是我努力的依据和鞭策自己的力量。在过去的几十年中,我一直是追求卓越的信徒,我最常激励自己的一句话就是:对我来说,第二名跟最后一名没有什么两样。

有人说,磨难就是人生的试金石。

当著名的亚历山大图书馆在一次火灾中被毁之后,人们在废墟中发现了残存的一本书。可惜这本书没有任何学术价值,所有人都不屑于去把它捡起来,只有一个穷学生把它收藏了。那名穷学生在少有其他书可读的情况下,还是经常把这本书拿出来翻阅。翻到后来,书被翻破了,书脊里掉出一个小纸条,上面写着试金石的秘密:试金石是能把任何金属变成纯金的一种小鹅卵石,它看起来和普通的鹅卵石没有两样,静静地躺在沙滩上;然而,一般的鹅卵石较冷,只有试金石摸起来是温暖的。

穷学生获知这个秘密后,欣喜若狂,立即赶到大海边寻找试金石。穷学生满怀信心地挑选着那些鹅卵石,可是那些石头摸起来都是凉凉的。穷学生渐渐地有些失望了,他愤懑地把捡起来的每块凉凉的鹅卵石朝大海深处扔去。他就这样日复一日、年复一年地在海边扔鹅卵石,而且扔鹅卵石的力气越来越大,那些鹅卵石也被越扔越远。

多年后的一天,穷学生捡到一块温暖的鹅卵石。然而,他已经形成了到手就扔的习惯,当他意识到那是块温暖的鹅卵石时,那块传说中的试金石已经被他扔到深海中。他懊恼地潜到海底,寻找了许多天,还是找不到他扔出去的那块试金石。

第二章
转折：困难是一块磨砺石

当时城里正在举行建国百年庆典，国王一时开心，摆擂台寻找全国力气最大的人，冠军可以封为伯爵，并获得大量黄金和良田的赏赐。穷学生想起这么多年在海边扔鹅卵石的经历，觉得机会来了。穷学生随着众人去看热闹，看来看去，都觉得那些人没有自己的力气大。于是他上台去比试，结果把参赛者一个个打败，获得全国大力士冠军，得到了国王的赏赐。穷学生变成了富裕而体面的伯爵，他感谢那本给他带来好运的书，决定把那本书重新装订并保存起来。他拆开书脊以便于重新装订，却在书脊里发现了夹藏的另一张纸条，上面写着：世界上没有真正的试金石，你对人生的态度就是试金石，当你老是抱怨没有机会的时候，或许机会真的到了手边你也把握不住了。

也许这就是一个故事。但是，在我到深圳追寻梦想的这两年来，我每敲开一扇门，就仿佛是找寻那块温暖的鹅卵石。每一次都心怀希望，每一次都做好了接过合约的准备，但一次次的失败过后，我从失败中不断地总结，找到最能说服打动客户的方法，而我们巨思特也让每一家抱着"试试看"这种想法的企业，在通过我们专业的顾问和教育服务后，找到了属于他们的试金石，快速地提升了企业以及个人的竞争力。

在公司的一次例会上，李强老师说："在我们所有的家人里，王超的进步是最快的。今天就让我们的销售冠军来谈谈他的心得体会吧。"

那一天，我前所未有地自信，把我的心得跟大家做了分享："各位家人们，我们如今面对的以中小型企业居多，由于他们对我们培训行业的不了解，会担心上当受骗从而缺乏安全感，往往会找各种借口来推托，那么在和对方沟通的时候就要表现出真诚，发自内心，特别重要的是要学会倾听，不要老是想自己要讲什么。作为一名销售人员，要适时地做客户的心理评估和换位的思考：站在客户的立场考虑问题，将心比心，如果是自己，会接受吗？

往往我们在电话邀约或拜访时，会遭受到前台或不相干的人员阻拦而受到挫折。接待人员总是挡在我们和决策者进行实质接触的大门之外。这时候你就要根据对方的反应而随机应变。

　　首先要有足够的自信心，相信自己有能力做好这件事，因为销售涉及谈判，有足够的自信心才能做好自己的谈判工作。打电话给客户时要知道自己想做什么？准备说什么？打电话或接电话时首先要调节自己的心态，不能太紧张。语音、语调、语气、热忱度、情绪状态、感染力。同时要控制好通话时间，简化谈话内容、保证谈话效果。言简意赅很重要，必须在对方接起电话20秒内把你想要表达的意思基本流畅地说出来，否则啰里啰嗦说了一堆对方还不明白你的意思，这个电话就作废了。

　　拉近与客户的关系，不一定每通电话都要谈业务，先尝试和对方做朋友，但切记的就是交朋友是要交心，要让对方感觉到自己在关心对方而非在找好处。电话营销是一种情绪的传递，你是什么情绪传递给对方就是什么情绪，你紧张，对方就紧张，你难过对方就难过，你快乐，对方就快乐。

　　另外，不要觉得客户是你的衣食父母，你不敢轻易冒犯、要提醒自己我们产品质量是一流的、价格最优惠的、是在给客户提供好的供货渠道、好的服务。别小看自己，给自己打气，也要坚信我们所提供的产品和服务一定会让客户得到好处。假如对方拒绝了你，很可能不是因为对方不喜欢这个产品，而可能是我们在某个销售阶段中处理得不够漂亮。

　　不管对方反对的根本原因是什么，处理的方法都是相似的，我们要有效处理好顾客说"不"的种种问题：首先，要尽可能找出对方拒绝的理由。要发现顾客拒绝的理由，要运用以下两种策略，一是提出开放式的问题，如："你可不可告诉我，问题出在哪里？"你也可以用自己的语言重述反对意见，就反对意见提出问题。

　　理清对方拒绝的理由的目的，可以请求对方详细说明或更深入地和我们沟通，还可以帮助我们确认所面对的销售对象是不是一位有"决策权"或"有影响决策力"的人，这点也很重要。

　　其次不要操之过急，事缓则圆。当我们要解除顾客心理的武装，那在言词上表现出部分同意，有同感或者体谅顾客的顾虑。这么做，等于告诉顾客：我和他站在同一边，我了解他的顾虑。你不妨利用"是的……那么……"的沟通方式来告诉顾客:"我能体会你的看法,那么,我们来看一看另一个解决方案可不可行……"

承认问题是解决的第一步。我们可以利用以下策略,来解除顾客的武装,促成交易:重新检视顾客的需求和合作的条件;提供更多的信息和解决方案;强调价值胜过价格的种种利益;将反对意见转化为赞成意见。

当然,还有一点也很重要。那就是作为一个销售人员,也要做好工作时间以外的额外工作。例如每和一个客户完成一笔交易,自己做好整理记录,并定期电话跟踪,以便于了解客户的下一个培训计划。

对于一名营销人员来说,是绝对的以"数据看成败、业绩论英雄"。不管你是师出名门的少壮新手,还是久经沙场的老臣宿将,在营销这一领域里角逐,不到成交的那一刻,就等于你什么也没做。

阅读感悟

_____

_____

_____

第三章 "独立团团长":找到团队的感觉

　　团队这词,以前在我脑海里,显得格外的陌生。但自从我成为公司的"独立团团长"时,我才真正感受到了团队的氛围,团队的价值和团队的责任。

从"特种兵"到"独立团团长"

这时候的我和几位师兄弟已经成为我们这个团队的核心队员。被李强老师笑说是"特种部队"。

李强老师说:"超啊,你现在成长了,你可以带领一个市场部的团队,做市场部的总监。但是,从这一刻起,你不只是拥有了更大的成长空间,也要担负更多的责任。告诉我,你的想法。"

我说:"前几天,我在海边看到一艘船停在港湾中,帆布软软地垂挂在桅杆上,水面风平浪静,船身静静地停靠在那儿。我想,如果我现在继续做一个人单打独斗的工作,就像那艘船,可以安安稳稳地停泊在港湾,过一种无风无浪的太平日子。但是,我更愿意扬起风帆,接受更大挑战。"

李强老师,点头对我表示赞许。接着说:"那么,接下来,你的工作重点不再是冲锋陷阵,而是带领一个'独立团',只有团队的成功,你才算是成功地完成了工作。对一个团长来说,最大和最具挑战性的任务,是让每个战士都准备好面对不断变化的'战场'。今天,我给你几点忠告:

你团队的成员不会十分相信你所说的话,但是他们会通过你的所作所为来判断你,来决定你是否胜任,确定是否要跟随你完成团队的目标。信任是双方良好关系的基础。信任意味着你的话像黄金一样珍贵,你的队员不需要猜测你告诉他们的任何事情,因为他们信任你。这就意味着你制订了规则,你自己先要遵守。否则,你就成了大家的笑柄。最重要地是,必须要让他们相信他们的经理正在为这个团队努力工作,并且在他们需要的时候能够与他们一起并肩作战。如果你骄傲自大,态度恶劣,说话粗鲁尖

第三章
"独立团团长"：找到团队的感觉

刻，或者被发现撒谎或欺骗，你将辜负他们的信任，最后，整个销售团队将丧失斗志，没有激情。双方一旦失去信任，你的团队将不能平稳地运作，而且你的管理能力也将受到损害。"

从那一刻，我开始体验、打造团队的经历。

在今天企业中，通常，当销售人员连续被评为"销售明星"的时候，通常会被提升为"销售经理"。这时，他必须迅速地把自己转化到一个领导者、决策者、沟通专家、谈判专家和培训师的角色之中。他每天考虑的重点将从"如何搞定每一个客户"转变为"如何使我的销售团队把事情做成功"。一个人坐在销售管理的工作岗位上，就不再与客户、具体的业务打交道了。毫无疑问，他最重要的工作就是调动手下销售人员的能量去完成销售任务。只有当这些销售人员成功地把企业的产品和服务卖出去时，他才算是在销售经理这个岗位上是胜任的。而公司给他的薪水也不再是因为他销售了多少产品，而是由于团队的整体业绩和表现来确定。

事实上，很多优秀的销售人员被提升为销售经理后，常常会把这些重要原则抛于脑后。他们的问题在于当了经理，做了管理者以后，却还是以一个销售人员的心态和他们手下的销售代表打交道。在一项关于晋升的调查结果显示：一个新晋升的销售经理第一年的成功率只有50%。因为他们通常无法马上转换自己的角色。领导者要做的是激发起销售人员的信心和动力，用自己人格魅力来吸引他们，而不是像推土机那样简单粗暴地驱赶他们往前走，要帮助销售人员建立并实现有效的目标，确保这些目标清晰、扎实，并被团队中每一个成员所理解，还要针对每一个成员的特质进行培训和辅导。

在成为"独立团团长"之前，我必须执行上级领导的命令，我是一个战略的执行者，在这之后，我学着成为一个决策者。

当我把这支全新的销售队伍建立起来时，我做了精心的策划，我必须要搞清楚该如何激发他们的表现。

首先，我要知道"他们到底会做什么"，而最好的办法就是和他们并肩作战，共同处理一些销售项目。我会放手让他们去做，但是我会告诉他

们:"如果在你们和客户的谈判中,我发现了好的销售机会,或者看到你正在失去一笔大业务时,请让我亲自出击,但是事后我会再把工作交还给你。"现实中的问题是,很多销售经理在这样的情况下并没有立即跳出来给予手下必要的帮助。他们往往忍而不发,眼看着自己的手下去犯错误,直到铸成大错。我这样的做法,使我在工作的每一个环节都能对手下有实战型的培训。

在这一时期,我更加认识到了团队的力量。随着市场竞争的日趋激烈,组织内外环境的复杂性、不确定性日益增强,员工数量增多和更加专业化的分工,让曾经依靠优秀的个人就能取得好业绩的方式不再适应快速变迁的时代。

社会环境和企业的快速发展总是伴随着各种各样的问题,作为企业的领导和管理者,不可能面面俱到,一一解决。如果没有其他人的协助与配合,任何人都无法取得持久性的成就。只有团体作战,才能倍增单个个体的能力,方能进入制胜的坦途,长久立于不败之地。

在我们服务的企业中我发现,由于缺乏合作精神而失败的企业,远远高于因为其他综合因素导致失败的比例。更有意思的是,我发现,合伙企业特别容易解散,因为彼此责难。即使取得了效益也会散伙,原因是各自居功自傲。但是,往往经历过两番折腾后,他们又会变成稳固的合作关系,因为他们发现了一个人的力量势单力薄。团队的协作精神就必须要团队成员有相互合作的意识和心态,认识到合作的价值和意义,明确只有合作才能共赢,不合作大家都将遭受损失。

在世界500强公司中,80%以上的公司都在极力倡导团队工作方式。那么,一个卓越的团队究竟具有什么特征,如何将一个个优秀的个人凝聚成一个卓越的团队?如何依靠中国式领导,打造团队核心竞争力,恰恰就是我们巨思特研究和服务的方向。

在给一家电器设备制造企业进行培训服务时,我发现,过去几年,由于这家企业较早进入该行业,企业发展一直比较顺利,市场份额在同类市场一直领先,而且产品以稳定的质量和高性价比在一些行业客户当中建立

第三章
"独立团团长"：找到团队的感觉

了较好的信誉，一批业绩突出的营销人员也脱颖而出。随着规模的扩大，销售队伍逐年壮大，但同时行业内市场竞争也不断加剧，营销模式也逐渐发生了变化，越来越多的项目需要靠营销人员、工程技术人员和生产系统人员通力配合，才能获得投标的成功。伴随公司销售业绩出现波动，公司营销和研发、生产系统之间，以及营销队伍内部都出现了一些问题，过去在销售队伍中不太明显的各种弊端随着业绩的下滑逐步显现出来，各部门之间、新老销售人员之间无法形成高效协作。业绩好的老销售人员故步自封，不愿开拓新客户，同时担心新人抢走自己的资源；新的销售人员无法得到足够的支持和帮助，很多人甚至试用期未结束就离职，销售队伍士气低落。如何摆脱眼前的困境，重新打造一支具有战斗力的队伍，成为困扰着企业高层的难题。

其实，限制了企业发展的关键因素就是领导者缺乏整合团队力量的能力。光是把各个岗位上的人组织起来，并不足以保证一定能获得成功，一个优秀的团队中的每一个成员，都要能够具备他人无法替代的特殊才能，同时，他们能够彼此影响，彼此谅解，彼此包容，愿意为了一个共同的目标相互协作。那么很多个个体的力量就形成了一个整体的"智囊团"。

专业技能只是组建团队的一个前提，最重要的是组成团队的个体的性格与态度。所以强调团队作战，而不是单打独斗，或个人英雄主义。而要服从或者服务于整个团队的利益，为团队的共同目标而努力。而且我们在强调团队作战的同时，也要讲究协同效应，也就是在相互制约中求平衡，相互协调中求和谐，相互配合中求发展。如果能够让一个组织中的所有成员齐心协力，那么就可以在任何时候，任何市场情况下，任何行业中纵横驰骋，战胜挑战。就像五根手指，握成拳才有力量。虽然大小、粗细、长短各不相同，但它们却各有其存在的价值和作用。无论是抓、握、拎、举，还是做其他手势，它们都能配合默契。所以，强调团队合作，协同效应，并不是来突出差异，而是发挥每个部分或者每个个体的优势，取长补短，优势互补。

阅读感悟

第三章
"独立团团长"：找到团队的感觉

优秀、融洽、合作，才能共赢

我们身边有一个最值得我们学习的榜样，那就是蚂蚁家族。在土墙边，在树根下，在整个大自然中蚂蚁随处可见，有时一窝多达几万只，少则几千只，但是每一个蚁窝只有一只蚁后，若干工蚁、雄蚁、兵蚁等共同组成，它们各司其职，分工明细，如蚁后的任务是产卵，繁殖，同时受到工蚁的服侍，工蚁负责建房子、觅食、运粮、育幼等，而雄蚁负责与蚁后繁殖后代，兵蚁则负责搬家，抵抗外侵，保卫家园，大家各尽所长，相互配合，保持着高效率的团队协作。而蚂蚁家族的这一特性却是我在上任伊始面临的最大的问题。

如果说挑战，我觉得在任何一个企业中，找到合适的人才，并把大家凝成"一股绳"都是对管理者最重要的挑战，在我建立团队和管理团队这个阶段，其中有5个环节"选、育、用、留、去"，这一过程包括了对人才的选拔储备、培养、使用、保留和淘汰。在经过了一段时间的磨合后，我们一起迎接了大大小小的挑战，当然，结果是差强人意。

团队中有各种不同类型的人，如动力型、开拓型、保守型、外向型、内向型等等。而各人又有各自独特的，甚至他人无法代替的优势和长处，当然各人也都有弱点和短处。

他们就像是五根手指聚在一起，谁都觉得自己才是能力最强的那一个，都想表现自己的优势，而对别人做得不到位的地方指手画脚，甚至嘲笑、看热闹。

建立优势互补的创业团队是人力资源管理的关键。团队是人力资源的核心，"主内"与"主外"的不同人才，耐心的"总管"和具有战略眼光的"领袖"，技术与市场两方面的人才都是不可偏废。创业团队的组织还要注意个人的性格与看问题的角度，如果一个团队里能够有总能提出建设性的可行性建议的和一个能不断发现问题的批判性成员，对于创业过程将大有效益。

作为创业企业核心成员的管理者还有一点需要特别注意，那就是一定要选择对项目有热情的人加入团队，并且要使所有人在企业初创就要有每天长时间工作的准备。任何人才，不管他的专业水平多么高，如果对创业事业的信心不足，将无法适应创业的需求，而这样一种消极的因素，对创业团队所有成员产生的负面影响可能是致命的。创业初期整个团队可能需要每天16个小时在不停地工作，甚至在做梦的时候也会梦见工作。

有次例会中，大家都努力地标榜自己的能力，就像我曾经看到的一个寓言让我目瞪口呆地表现：

大拇指骄傲地率先发言："五根手指中，我排第一而且最粗大，人类在称赞最好或是表现杰出的时候，都是竖起拇指，所以老大非我非属。"

食指不以为然，急着辩解："我才是老大，要知道夹菜时，没有我支撑着，根本夹不了菜，只有我才能让人类大快朵颐。另外，人类在指示方向时，必须靠我。"

中指不屑一顾地说："五指中我最修长，犹如鹤立鸡群，而且我居最中间的位置，大家众星捧月，这不就是老大的证明吗？"

无名指不甘示弱，理直气壮道："三位也未免太自大了，世上最珍贵的珠宝，只有戴在我身上才能相得益彰，因此，我才配称老大。"

小指在一旁，只是静默不语。

四个指头惊异地一起问道："喂，怎么不谈谈你的看法，难道你不想当老大？"

"各位都有显赫的地位，我人微言轻，只是当人类在合十礼拜或打躬作揖时，我才最靠近真理的地方。不过，如果我们彼此分开，其威力又表现在哪儿呢？别人之所以怕我们，是因为我们五位一体，不可分割啊！"

第三章
"独立团团长"：找到团队的感觉

团队可以是拳头或手掌，它的威力来自每根手指的紧密合作，这是企业赢利的基础；团队不能是一盘散沙，员工任何形式的偏离、隔阂、冷漠以及嫉妒和仇视，都将使"赢"的大厦发生倾斜，就像是沙滩上的城堡，经不起一点点的风浪。

面对一团糟的局面，我焦头烂额，开始重新审视我的新角色和我的团队。我发现自己错了。何必强求每个人都完全按照自己的意愿行动呢。固然团队需要统一的步伐。但是只要不是违反原则的基础上，能最大限度发挥他们的优势不是最好的选择吗？将每个人的优秀长处，根据工作实际合理地搭配起来，优势互补，就能发挥最佳的整体组合效应。

我不能要求每根手指都像大拇指那样粗，也不能要求每根手指都像中指那样长。作为一个团队的领导者，我所能做而且也是必须做的就是想办法握紧五根手指，成为一个坚硬的拳头。

曾经听过某人的一句话："管理就是给猴子一棵树；给老虎一座山。"顺应本性，发挥特长。看来管理需要的是抓住每个下属长处，而不是死死地盯住每个下属的短处的。不要过分地拘泥固定的方法，只要合适的就是最好的。

现在公司刚起步，行业发展速度又很快，在企业发展初期重要的就是人才招聘的问题，在我"招兵买马"这个过程中，我觉得有三点很重要：一是候选人的心态和理念与我们是否吻合；二是技能，是否具备相应的技能；三是曾经的业绩。有很多人，他们之前有成绩，但是到了一定年龄，重新进行职业选择时会更加看重平台，并不仅仅是薪水的多少，这些人才更注重公司的文化和氛围，注重和谐融洽的人际关系，以及公司是否能给他们提供更好的发展机会。

当然了，对于我们这样的培训公司来说，像其他任何行业的公司都一样——可以挖人，但是也有问题，因为挖来的人在原先各自的企业都有很深的烙印，挖来的都是精英，个性也都是非常的强，想把这些人整合在一起，不是不可能，但也不是特别容易的事。另外，挖人成本也很高，留下这些禀性各异的人需要的心血也是非常的大。甚至，从某种程度上说不是

我在挑他们，而是他们在挑选好老板和好公司。

再往后发展到一定程度，又会面临如何培养人、留住人的问题。企业发展的不同阶段的人力资源策略都会有不同的偏重点。

我要对团队当中的所有人做出客观公正的评价，如果我没有做到，优秀者就会觉得泄气，觉得自己的努力都白费了，不如随大流，那他就会停止努力工作；如果销售人员不用承担没有完成任务的后果，同时超额完成销售任务也没有奖赏，他就会觉得这不是"大锅饭"吗，做多做少一个样，那不如落个清闲自在，那他的销售业绩将会下降。

悟到了这一点，我开始给大家设立明确的销售目标，在每天的例会中都会及时给他们提出建设性的意见。让他们知道标准是什么，帮助他们明确自己在团队中的位置和责任。

在一个新的团队中，成员的工作能力和技巧都是需要加强的，这个时候最重要的就是大家的态度——对工作充满并保持热情。这是优秀员工必须具备的素养。工作中，我除了让所有的团队成员融洽相处，我还要尽全力来保持营销人员愉快的心情和兴奋的工作状态。通过观察我发现创意性的竞争能够保持高昂的激情，减少销售人员彼此之间的冷漠，他们相互分享经验和创意，竞争精神更为强烈。

很多销售人员过分关注他们的努力过程而不是结果，事实上也是这样，没有人愿意承担工作的全部责任，这就是需要我这个"独立团团长"的时候了。从第一线一路摸爬滚打上来的我，习惯了随时站在我的队员身边，不仅与我曾经的客户保持频繁的接触，还随时向队员传授工作的技巧。

早在团队创立之初，我的老师就告诉我，一定要建立一套有效的员工考核方案，对员工的工作业绩定期进行有效考核，至于考核的方式，采取量化或者面对面交流的方式，你可以在实际的工作中摸索。只有考核方案还不够，还要有一个员工能力发展计划，帮助员工在工作中、企业内部培训中不断提高他们的能力。这样一个发展计划有时候比丰厚的薪酬更能吸引高素质的员工。

第三章
"独立团团长":找到团队的感觉

创业初期,创业团队的成员大都是朋友,但是经过一段时间的磨合之后,创业团队都要经过一个痛苦"洗牌",或许有的人不能认同理念,或许有的人有其他的打算,或许有的人不称职。事实上即使对最富经验的职业经理人他们最怕的事也是解雇员工。对于创业企业,在创业初期这个人员变更是很大的问题,即使很难也要换,要有果断换人和"洗牌"的勇气。有个办法,就是坚持一种理念:公司不是私人的,是大家的,不能顾及私情,要出于公心换人,这个道理不一定行得通,但是能否坚持这种理念,决定了能否正确贯彻换人的决策。

在巨思特的所有团队中,我的团队是最稳固的团队之一。我坚持为我的队员们提供持续的培训和发展机会,我总是会定期地将我的经验积累和总结后,传递给每一个成员,因为我相信,成长是同步的,所以资源必须共享。我们生活在一个以知识为基础的社会中,信息在我的团队中始终保持着高度的流通,每个人都会知道我们今天面对的是什么,我们今天发生的什么事情,我们又开发了什么样的产品,知道我们还能为客户提供更合适的解决方案。

所有人都知道我是个急性子,当初李强老师也说"不知道王超能坚持多久的耐心"。我性格中坚韧的特质让我能够做到——我陪伴他们从懵懂到熟练,从战战兢兢到一路奔跑。

作为从基层岗位做起来的管理者,我知道要从老板的角度考虑问题,从公司的大局观来考虑问题。作为一个"团长",我十分清楚公司现在发展阶段,清楚这个阶段需要什么样的人,知道如何找到这些人,还要考虑成本。再有就是如何培养现有的人才,使其符合公司不断发展的需要,以及可能遇到的所有挑战。慢慢地,我发现,不但我的团队竞争力加强了,我个人解决问题的能力、看问题的角度,都有了很大的提升。

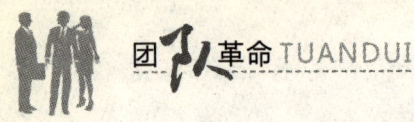

阅读感悟

_____
_____
_____
_____

第四章 挑战：改变自己才能获得成长

　　一个人最大的挑战，是自己，一个人最大的改变是改变自己！只有勇敢面对挑战，才能获得真正意义上的成长。挑战就像阶梯，过一级，你就上一个台阶。

最大的对手不是别人而是自己

有一天,我的一个属下跟我说:"王超老师,你知道我们非常地努力,工作都十分用心,你看我们这个季度又是公司第一名。好想歇一歇啊,给自己放个长假。老师,你不累吗?"

的确,每天绷紧的神经,保持高度亢奋的状态,十分的累。但是,要想进步不被超越,就必须坚持、再坚持。那天的夕会上,在总结了一天的工作后,我说:今天我给大家讲一个狼王的故事吧。

一只身强体壮的年轻公狼终于战胜了来自狼群内部的所有对手,顺利地登上了狼王的宝座。做了狼王之后,它更加勤勉,除了带领大家觅食、嬉戏,管理狼群内部事务之外,还组织群狼操练格斗技术、演练战斗阵形,因为在它们领地的边缘还有三个狼群虎视眈眈,伺机入侵它们的地盘。

经过狼王及群狼的努力,它们成功地发动了几次针对伺机来犯狼群的战斗,并赶走了它们,解除了这些狼群对自己领地的威胁。

领地的威胁解除了,群狼以为狼王这下可以舒一口气了,大家也不必像从前一样辛苦了,可没想到狼王的训练强度却加大了。狼王不仅严格训练群狼,自己的锻炼强度也加倍了。群狼对此很不理解,于是派代表去请教狼王。

狼王了解了大家的困惑,便找了一个机会向大家说明了自己的看法。狼王说:"我作为狼王有两个主要职责,一是保护并扩张自己的领地,使大家生活无忧;二是保住自己的王位,尽量使自己在狼王的位置上能待得久一点,这样不仅我的许多想法可能实现,而且可以多为狼群做一点事

第四章
挑战：改变自己才能获得成长

情。虽然我现在打败了所有的竞争者成了狼王，但新的竞争者会不断出现；虽然我们现在赶走了窥视我们领地的狼群，但必然会有更强大的敌人出现。我们只有不断提高自己，才有立于不败之地的可能。我们的对手不是别人，而是自己。我们只有不断挑战自己，强迫自己提高，才能有效地保护和发展自己。"

我给大家讲这个故事的原因，就是要告诉大家，在激烈的市场竞争中，大多数的企业都把同行作为自己的竞争对手，于是在经营战略上把打败对手，争夺市场份额作为企业发展的主要目标。其实，决定一个企业成败的不仅仅是同行业的竞争对手，而是市场和我们自己是否在坚持不懈地努力。

想方设法开发新的培训项目来满足市场和企业不断更替的需求，帮助我们的学员和企业在他们的领域内取得胜利，才是真正提高我们在行业内的知名度、地位和自身竞争力的根本。

打败同行的对手只是企业不断挑战自我的一个附带结果。如果一个企业在制定发展战略的时候，只是针对同行业对手的弱点而忽视了企业自身优势的建立和开发新的优势，即使能很快打败现有对手，在面对更强大的对手的时候也必然会失败。

一个想成功的企业必须牢记：最大的对手不是别人，而是自己。

我做事的原则就是身体力行、以身作则。我严格要求你们做到十分，那我会给我自己设定十二分的标准，只有这样，我才能有资格做你们的领导。

培训公司的性质决定了要经常接触一些企业以及企业家，简单地归纳一下，这些企业不外乎以下三种类型：一、正如日中天；二、曾经辉煌过；三、仍在创业时。

接触的人多了，我们便发现了一个有趣的现象：第一种类型的企业大多保持着当年创业的精神，有的还提出了"二次创业"甚至"三次创业"的口号；第二种类型的企业大多是忘了本，或者败在后一代手中；第三种类型的企业创业的激情正汹涌澎湃，如果继续保持，就很可能成为第一种企业，反之就会沦为第二种企业。

"生于忧患，死于安乐"的道理我们都听过，计划没有变化快也印证了"变化是永恒不变"的道理。在这个瞬息万变的时代，竞争激烈到了前所未有的程度，没有危机意识就会面临"杀机"。很多之前我们规划的一些事情，随着经济危机的到来，事情都发生了改变。与其在等待着被变化，不如试着去变化自己。只有自己改变了才能适应不断提升的挑战。

在非洲。每天早晨，羚羊睁开眼睛，所想的第一件事情就是：我，必须比最快的狮子跑得更快。否则，我就会被吃掉。而就在同一时刻，狮子从梦中醒来，在脑海里闪现的第一个念头是：我必须能追得上跑得最慢的羚羊，要不然我就会被饿死。于是，几乎同时，羚羊和狮子一跃而起。迎着朝阳跑去。

只有迫在眉睫的危机或亲身体验的问题才会容易吸引人的注意力。有人说要叫大象跳舞，最好的方式就是放一把火；相同的，要让团队保持变革的活力与动力，点燃危机意识的火苗是必要的手段。对于我们这些品尝过"荣华富贵面"的元老级员工来说，对危机的嗅觉都是最灵敏的。而在企业发展阶段加入到我们团队的成员来说，危机意识都不是很强。因此，我必须要强化他们的危机感和紧迫感，将恐惧转化为激活团队变革动力以应对环境的变化。

把时间拉长到今天，依旧有很多的团队在创业之初，对市场环境保持了高度的敏感，热衷于创新与改革。但往往在团队取得一些成绩之后，就渐渐对市场变化失去察觉，没有了危机意识，最终被竞争对手打败。作为团队的领导者，只有时刻保持危机意识才会在危机来临时迎来"生机"。如果你希望把自己的团队发展得更加强大，希望自己的团队能长久地发展，就要创造一种危机氛围，激发团队不断地进行变革创新，要让他们保持警惕。只有有了这种危机意识，才能调动团队成员的积极性，才能改进自己的工作，才能有所创新。

许多著名的企业家在拥有亿万财富之后，仍然保持着一种朴素的精神和合作的激情。松下幸之助、洛克菲勒、刘永行等等莫不如此。身为内地首富的刘永行，每天的日常开支竟然不超过100元。对于真正的企业家而

第四章
挑战：改变自己才能获得成长

言，保持创业精神和危机意识，并不是对人生某一阶段的特殊要求，而已经成为一种生活态度和生活方式，贯穿于长长的一生中，就像吃饭、睡觉、呼吸一样，已经成为日常生活的一部分。

管理者可以从以下四个方面持续不断地改进自己的工作：

1. 改进考核方法。从销售计划开始，考核每一个销售人员的交易率。对每项工作都进行更准确的考核，随时根据考核结果来分析总结是哪些因素能够帮助我们取得更好的结果。

2. 改进销售流程。查看每一个环节，并且让你的团队找出完成每一项工作的最好方式和组合。

3. 改进管理方式。管理好自己的时间，合理分配该在何时与优秀的销售人员在一起，帮助他们做得更好，捕捉到更多的机会。同时也要分配合理的时间培训业绩不佳的销售人员。

4. 有效激励员工。随时掌握每一个人的需求。知道怎么做才能帮助他们获得胜利，也知道哪种激励方式针对哪个个体更加有效。

阅读感悟

_____
_____
_____
_____

今天，我是舞台的主角

我真的是在用我的心去打造我的团队。从我带领我这个团队起，我们公司的业绩每个月都是递增的。

一年半以后，突然有一天李强老师找到我："超儿啊，不要带团队了。"

我当时一愣，"为什么，老师？"当时的我正在享受着团队的成功，我的一个反应是"我做错了"？

"是这样的，观察你很久了，看得出你是一个可塑之才，做我的助理吧。"从一个基层业务员做到董事长助理，跟着老师全国各地做培训，是莫大的幸运啊！我非常非常非常开心。

那天晚上我失眠了，从那以后跟随李强老师全国各地做培训。我记得有一次，去给温州人本集团培训，李强老师突然跟我说："超啊，明天由你去给他们的后备干部做一场销售的培训。"

"老师啊，我讲不了，让我做主持，放音乐，这都没问题，讲课我可绝对讲不了。"

面对退缩的我，李强老师只给我两种选择：

一、明天坐飞机回深圳，继续做销售；

二、上台讲课。

老师的眼光告诉我，我只能选择第二种。

虽然在那之前，我都随时随地记录了老师讲课的要点。但是那一夜，我又紧张又兴奋，我不停地问自己"我明天讲什么啊"，整整准备了一夜的时间。在这一夜的时间当中，我不敢睡觉，生怕自己准备得不够充分。

第四章
挑战：改变自己才能获得成长

第二天，我去讲了我人生中的第一堂课。那天，我的发挥非常好，本来是两个小时的课程，但是"一不小心"讲了三个小时。回来以后，李强老师说："你不是不能讲吗？怎么这么能讲啊？"

从后来温州人本的老总的反馈中，我有了更多的自信。他说："你们这位王超老师讲得真不错，一看就是从销售一线走出来的。讲得非常非常好。"

就是从那一刻开始，我走上了这个舞台，并坚定地一直站到了今天。

什么样的选择决定什么样的生活。今天的生活是由三年前我们的选择决定的，而今天我们的抉择将决定我们三年后的生活。我们要选择接触最新的信息，站在高处才能创造自己的将来。对于生活和未来，不要自我设限，要敢于挑战自己，突破自己。

俞敏洪老师说："我们每个人，都需要自己的成长空间，我们人的生活方式有两种方式，第一种是像"草"一样活着，你尽管活着，每年还在成长，但是你毕竟是一根草。你吸收雨露阳光，但是长不大，人们可以踩过你，但是人们不会因为你的痛苦，而产生痛苦，人们不会因为你被踩了，而来怜悯你，因为人们本身就没有看到你。所以我们每一个人，都应该像树一样地成长，即使现在我们什么都不是，但是只要你是树的种子，即使被人踩到泥土中间，你依然能够吸收泥土的养分，自己成长起来。也许两年三年，你长不大，但是十年、八年、二十年，你一定能长成参天大树，当你长成参天大树以后，遥远的地方人们就能看到你，走近你，你能给人一片绿色，一片阴凉。你能帮助人，即使人们离开你以后回头一看，你依然是地平线上一道美丽的风景线。树活着是美丽的风景，死了依然是栋梁之才，活着死了都有用。这就是我们每一个同学，做人的标准和成长的标准。"

我告诉自己：如果仅仅想做一棵小草，即使在最好的企业里，我也长不成大树。既然来了，就要历经风雨，把自己培养成名贵花卉。我想，当有一天自己真正成为参天大树之后，让更多的人在这棵大树下乘凉，我能有能力去帮助更多的人，这才是我生命的真正价值所在。

我深知自己的能力还有很大提升空间。相信自己的选择，执著地走下

去,肯定会有好的结果。一个人在这个世界上,不是去影响别人就是被别人影响。要做一个有价值的人、一个有影响力的人,就要做一个有超强学习力的人。学习就像充电一样,每隔一段时间就要更新一下观念,观念一旦改变,奇迹就会出现。我个人觉得一个人的学习力就是核心竞争力,学习力就是生存力。学习的过程就是让自己的思路不断清晰的过程。

在此期间,李强老师跟我讲,交朋友要交三种:1.交比自己强的朋友;2.交有知识的朋友;3.交积极向上的朋友。这样的环境会影响你,让你有一个一流的积极的心态去成长,你才能走向人生真正的辉煌!学习不能改变你的起点,但一定会改变你的终点!

在2008年,我参加了主题为"学习力·竞争力·责任力"的第三届"学习型中国"全国励志演讲大赛。今天把我的演讲节录部分文字,来谈谈我对管理的一点认识和感受,借以探寻我的成长:

尊敬的女士们、先生们、各位同学们,大家下午好,非常感谢大家的掌声。今天非常高兴在新年的第一天和在座所有好朋友一起分享。一听说要演讲,我有一点紧张,其实我想到另一个问题,因为,我今天上来并不是想跟大家做一个什么演讲。我只是想把我这么多年在职场听到、经历过和体会到的,跟大家一一分享。

今天来到这个会场,我看到所有这么多优秀老师们,在这些老师面前我只是一个学生,坦白说,在这么多优秀企业家面前,我还只是一个后辈。在十年的职场生涯中,我体会了很多很多。李强老师说"人生事事是考题"、"人生处处是考场"、"人生人人为我师",正是李强老师对我的关心关注,让我走到了现在。

今天,你们在座各位朋友想不想让你们企业持续成长,事业能够基业长青?这么多优秀同学们,学习提升自己,今天我跟大家分享的时候我相信天道酬勤,大地不会吝啬对一个勤劳人的付出。

大家已经说了,今天你们每个人来到这里的目的都是一个,就是想让你们自己企业在未来过程中发展得更好,保持持续成长。中国目前有3151.8万家中小企业,2008年刚刚过去,金融危机的到来让我们中国近

第四章
挑战：改变自己才能获得成长

1260万中小企业面临破产和倒闭的风险。所以说我们中国的很多中小企业的平均寿命不超过3年时间，所以我们每次看看这样照片的时候，是在一个企业的门口，因为由于企业自身让自己的内功没有练好，当金融危机来临的时候，让他们自己的很多员工下岗了，这家企业破产了。这些照片是让很多人触目惊心的，我们在服务很多企业的时候，我问过很多企业家，我说这里有某某老总，为什么今天你看到这个照片触目惊心，他说我这些企业因为由于自身不能更好成长，让自己更好武装起来，坚持起来，导致金融危机一来临就破产了，所以我发现不景气市场一定是淘汰不争气的企业。

其实，2008年对我们很多企业来说都是不景气的一年，今年是2009年最好一天如何看到这个不景气市场让我们企业变得更加争气，面对着一切我们所有企业家该怎么办呢？今天企业能够更好地发展，发展最重要前提就是让你的企业能够更好地生存，所以说今天企业更好生存就是最大的发展。如果各位认同我的说法，就给我一点掌声。如何让企业更好地生存，更好地发展呢，从而提升我们企业核心的凝聚力。企业核心凝聚力它的核心又是什么呢？这么多年和很多企业服务交流的时候，金融危机来临是外部我们不可能掌控的情况。我们要练内功，使我们内在更强大，我们在金融危机来临的时候我们抵御风险的能力更强，我们提升团队凝聚力必须提升我们企业非职务影响力的能力，和企业非职务影响力对应的是企业职务影响力，叫做权威。

在我们企业当中因为你是企业老板，是企业领导，你是企业主管，今天你找到你所在企业员工，告诉他马上给我买一包烟，你的员工回来的时候不会给你买一瓶酒。因为他相信如果我不把这个事情做好，回来以后会面临很大一个问题，什么样的问题？有可能是受到批评，甚至被淘汰。所以面临这样问题的时候，不一定心甘情愿但是全力以赴做，所以说我们企业当中整个让我们凝聚力更加强大，我们看一看非职务影响力概念，就是威权。企业有没有这样的人？不是达官贵人也不是领导，但是出现问题的时候，你愿意找到他，跟他沟通，而且非常愿意采纳他的建议。为什么有这样一种人，具备这种能力叫非职务影响力，我们会想企业中的一些问题，巨人大厦倒塌，是我们听到最多的一个故事。

今天，真正好的文章是在我们身边，离我们最近最真实，虽然巨思特还在成长，但是我们已经稳稳地走了将近十年时间。

今天企业面临竞争力这么大，为什么我们巨思特集团会有这样一个竞争力和执行力都十分优秀的团队？因为我们从李强老师身上思考了更多的问题，正是他的努力、他的勤奋、他的敬业、他的坚守、他的成功，让我们感受到了，我们就应该做一个像李强老师那样的人，我们才会离成功越来越近。因为只有这样的老师才可以为企业提供更好的服务。

在我们平时工作不忙的时候，李强老师会下厨房，做面，但是老师告诉我们这个是荣华富贵面，叫做有福同享。

他在工作当中提携我们，在生活中也是照顾我们，我们在年会的时候，很多同事抱在一起，感受团队的温暖和力量。公司里还有一张照片，照片上我们所有同仁一起吹起了蜡烛，祝福我们企业，做到更好。如果你走进巨思特，看到这些照片的时候，你就会相信巨思特集团有多么好。

伴随着巨思特的成长，我看到我们企业今天的良好运转，但是在十年以前，回顾创业的过程，我们真的是在痛苦经历中一步一步走过来，看到我们今天的强大是有理由。

假如企业有这样一批精英，时刻坚定不移、风雨无阻地追随你们的企业的时候，我相信再大的困难，再大的金融海啸也难不倒你。

企业好的时候是我们大家的，企业面临危机的时候，危机跟困难也需要我们大家一起来承担。

……

从预选的三千精英中，一路过关斩将，在最后的十强赛上，我是9号，最后的评选结果——我是冠军，除了一座奖杯，还有一辆比亚迪汽车。在很多祝贺的声音中，我做出了一个出人意料的决定，一个会鼓舞我们巨思特每一位家人的决定：

在我自己这个职业生涯之中，我一直在内心树立一种信心：相信我一直是最棒的，今天我不再孤独，因为我有一个团队，有一个指引我方向的

第四章
挑战：改变自己才能获得成长

明灯，我的恩师——李强老师。

我决定把这台幸运的汽车献给巨思特，把它作为奖励，奖给2009年全公司的销售冠军！我要让巨思特的每一个成员都感受到，并看得到，只要努力，就一定会有一个丰硕的果实。

在当今的社会当中我们组成了一个团队，而且更重要的是，我们不再孤独了，今天要想实现自己未来的梦想，要去努力，今天苦一点累一点，算什么？今天的苦是为了明天的甜……

今天我们拿着企业的一份报酬，我们真的要去为这个企业多想一想，更重要的是我们在为企业着想的时候，我们更是在为我们自己人生的经历，为我们的人生在描写着重重的一笔，在规划我们的人生。它是一种精神、它是一种职业道德。

这个世界既不是有钱人的世界，也不是有权人的世界，它是所有愿意付出努力的人的世界。我希望巨思特的每一位家人，都能如同我一样，坚信我就是企业的主人，我会加油，我会努力！

只要努力，只要坚守，才能拥有希望。在将近十年的工作中，我接触了无数的企业，我看到了无数的企业家他们那种经营企业的这份艰辛，我同样也看到了很多人因为自己不努力，放弃了很多很多的机会，所以一步一步地走过来到现在十年的时间。十年时间我没做别的，我一直在做这件事情，那就是深入企业的一线，摸索、探讨企业生存发展之道。

拥有今天所有的东西的时候，虽谈不上有所成就，但我拥有了就我的同龄人来说更多的收获，我的一点成绩：我首先给我的父母买了一套房子。我的父母一直有一个梦想，要住一个大房子，所以那一次买房子的时候我专门给我的父母买了一套两百平方米的、复式的房子，就我父母两个人住。我回家的时候，对着我的父母说："爸妈，这回住着大房子，你们开心了吧？""开心是开心了，每天打扫卫生，挺累啊。超儿啊，你要多注意身体……"从这些朴素的话语我能感觉到他们内心的那份喜悦。

人生就是把不可能变为可能。十年前的我根本想不到我今天的人生轨迹。虽然，今天的我谈不上收入有多高，但是只要走到巨思特，我可以大

胆地说，在所有的培训公司来说，巨思特的阵容是最强大的。这个阵容不光是讲师阵容，可能别的培训公司的讲师比我们优秀的有很多很多，但是一走进巨思特，你会发现全部都是名车：从宾利、悍马到奔驰、宝马，所有车都是一台台被标上了号，巨思特1号车、巨思特2号车……当然那其中的里面有我的一台车。

看到这一切的时候，大家禁不住会问你们巨思特的阵容怎么会如此强大？

李强老师有一句话说得好"我们有一个好团队"，要说李强今天能够如此成功，能够成为中国十大青年演讲家，走进巨思特，虽然讲师不是最多，但是我敢保证一点，实力一定是最强的，从我们的彭清一教授、李燕杰教授——这是毛主席钦点的共和国四大演讲家其中的两位，其他两个老人已经走了，还剩这两位大师，是我们巨思特的顾问，有李强老师……很多很多的国内顶尖级的老师，组建了一个最强大的阵容。

一直走到今天，我们去服务我们的客户的时候，客户的满意度是非常高的，因为他们看到了，巨思特能有今天的收获，是我们用心在做的，是用我们的成绩展现出来的。所以巨思特能够做到今天，也一定能够帮到更多的企业取得更好、更长久的发展。也正因为我们的努力和这份坚持，我们得到了今天的认可和高度的评价……

找对了方向，闭着眼睛走你也不会迷路。不注意方法，苦练只能是白练，长颈鹿凭着脖子可以轻蔑地告诉松鼠它看到了远处有什么景色，但是，只要松鼠轻轻跃到长颈鹿的背上，又迅速爬上它的头顶，就会告诉长颈鹿，比远处更远的地方有更精彩的景色。

2009年，我应深圳一家集团公司老总的邀请，在风景如画的庐山脚下，为集团在全国各地的经销商做了一场《危机下企业家的自我修炼》的培训。

三天精彩的课程，和深入的交流，获得了在场所有学员的肯定。大家都说："与王超老师探讨企业经营生存发展之道，让我们少走了许多弯路。"

第四章
挑战：改变自己才能获得成长

无论是多久，当蜗牛爬到金字塔顶端的时候。蜗牛眼里的视野、世界和充满天赋和智慧的雄鹰是一样的。自创业至今，事实证明，无论我王超是不是一只雄鹰，但我通过执著地追求，终于站在了这个舞台的中央——我是主角。

成功是一种态度，要赢！
成功是一种方法，要学！
成功是一种行动，要做！
成功是一种习惯，要坚持！

是的，伴随着巨思特风风雨雨走过了十载春秋，十年的职场生涯，我只做了一件事，就是深入企业的一线，与一线的人群交流。所以，我希望能将我十年丰富的经验，帮助更多人，更多的企业……

阅读感悟

_____
_____
_____
_____

第二部分

管理精英——构建高绩效团队

第五章　团队：能用众力者无敌于天下

通常团队建立的过程中会经历形成期、风暴期、规范期、表现期。每个阶段要通过不同的考验，例如，处理好观望、化解冲突、发展技能、包容差异等问题，才能形成真正的团队。团队最具竞争力的优势就在于它具有快速集合、快速开展工作、快速调整重点和快速解散的能力。我们每个人都看过天上飞过的大雁。大雁是一种天生的合作者。当我们看见成群的大雁排成"人"字形队伍步调一致地飞行时，不禁为它们的表演而惊叹。科学家发现，大雁以这种形式飞行，要比单独飞行多出12%的距离。因为为首的大雁在前面开路，能帮助它两边的雁形成局部的真空，从而减少飞行过程中的空气阻力。

物竞天择，适者生存

有一个真实的故事：

国外一家森林公园曾养殖了几百只梅花鹿，尽管环境幽静，水草丰美，又没有天敌，而几年以后，鹿群非但没有发展，反而病的病，死的死，竟然出现了负增长。这大大违背了养殖者的初衷，他们百思不得其解。后来他们接受建议，买回几只狼放置在公园里。在狼的追赶捕食下，鹿群只得紧张地奔跑以逃命。这样一来，除了那些老弱病残者被狼捕食外，其他鹿的体质日益增强，数量也迅速地增长着。

这个故事真实地揭示了优胜劣汰的自然进化法则。不仅仅在动物的世界中是这样，其实在人类社会中表现得更为强烈，更为残酷。适者生存始终都是人类社会竞争中亘古不变的真理。竞争固然残酷，但是与之相对的，它却能够促进这个社会的发展，推动进步。只有在不断地竞争中，我们才能不断地发现自身的不足，完善自我；只有竞争，才有发展，只有优胜劣汰，才有社会的进步；只有适者生存的事实，才有更多的强者出现。

两个人在森林里，遇到了一只大老虎。

A就赶紧从背后取下一双更轻便的运动鞋换上。

B急死了，骂道："你干吗呢，再换鞋也跑不过老虎啊！"

A说："我只要跑得比你快就好了。"

在21世纪，没有危机感是最大的危机。商业社会遵循着同样的法则——在竞争中求生存。这种竞争激烈程度，在当今市场经济条件下表现得尤为明显，因为市场经济就是一种竞争型经济。

第五章
团队：能用众力者无敌于天下

当今世界，国家之间的竞争，归根结蒂是企业之间、品牌之间的竞争。美国之所以霸气，原因之一就是其背后有强大的品牌撑腰，而中国实力的强大，就是要多打造民族品牌。

中国加入了世界贸易组织，使中国的企业在市场经济发展得还不太充分的情况下，不得不与世界级的跨国公司同台竞技，就像森林公园中的狼一样，要想在激烈的市场竞争条件下存活下去，就必须把竞争意识渗透到团队建设之中，建设一个竞争型的团队。

中国具有巨大的不断扩大的市场，十几亿人的大市场，吸引了全世界商人的眼光。当更多的"老虎"来临时，我们有没有准备好自己的跑鞋？我们的企业管理者是否已经为企业打造好了助跑的竞争型团队呢？

中国的企业已走过了工业化的初级阶段，在物质和精神上已具备高速发展的条件。如果我们的企业希望获得持续的增长动力，那么这个企业木桶上最短的一块板可能不是市场，而是企业管理层经营企业的方法。领导层重要的任务不仅是战略方向，更重要的是去构筑一个发挥才能的平台与凝聚人心的文化。

从我国中小企业的发展过程来看，还基本上处于"外部市场"推动阶段，也就是所谓的"挣钱阶段"。企业是要挣钱的，如果不挣钱企业就没办法存在。正因为此，大部分的企业就把主要的精力放到做外部市场上。但是，市场是理性和非理性两个因素的混合体，中国市场非理性的成分多一些，这就使一些中国企业热衷于炒概念。所谓炒概念就是刺激了消费者的非理性需求，单纯从市场来看这是一个很好的增长点，短期可以成功。但问题在于，如果过于依赖甚至沉迷于这个层面，那就很危险了。比如三株、秦池、爱多等等，对于这批企业来说，他们成功的原因正好就是他们失败的原因：他们仅仅将外部市场做好，却没有企业内部力量的强力支撑，过分的信赖和追求短期的市场利润或战术利润，最终导致了企业内部运营系统能力与市场运作系统能力之间的失衡。

在中国整个国民经济发展过程中，中小型企业所发挥的作用已经越来越显现出其突出地位。与20世纪90年代相比，私营企业的产值增加了117

倍,企业总数增加了19.5倍,注册资金增长154倍,从业人数增长5400万人。而如此众多的中小型企业,绝大部分采用的都是家族式管理。在一般人眼中,家族式管理通常与"用人唯亲"、"家长制"等词汇联系起来。然而一个不容忽视的事实是,采用家族企业在世界各国经济中一直发挥着重要作用,甚至是企业存在的一种占主导地位的形态。

但是,无法回避的一个问题出现了,家族企业数量如此众多,在经济份额中所占的比重也如此之大,为什么都避不开"短命"宿命。据研究显示,约有70%的家族企业未能传到下一代,88%未能传到第三代,只有3%的家族企业在第四代及以后还在经营。相比之下,我国家族企业无论从规模、效益和企业寿命等角度来衡量,均远远落后于国外。资料表明,我国每年新生15万家中小型企业,同时每年又有近10万家中小型企业退出市场,有60%的中小型企业在5年内破产,有85%的中小型企业在10年内消亡,其平均寿命只有2.9年。因此,客观分析家族式管理的利弊,找出中小型企业由家族式管理到科学管理的对策,对提高中小型企业的管理水平、延长企业的寿命是非常必要的。

家族式企业之所以较快地崛起,较为重要的因素就在于:

一、家族式管理决策迅捷可靠,执行能力强。实行家族式管理模式的企业,人权和财权一般都牢牢地掌握在企业一个或少数几个人手中,是集权式决策。企业运营过程中的人事矛盾和利益冲突也可通过家族成员之间不可言传的共识和对"家长权威"的无条件服从这一"人治"方式弥合。

二、企业内的主要经营管理人员一般都由家族成员担任,有着共同的家族整体利益,会视企业为自己的生命,为了企业,家族成员可以不惜自我牺牲、义务工作,这种精神所产生的动力是一般非家族式企业难以做到的。利益的一致性降低了心理契约成本和监控成本,使企业不必花高价从外部聘请经营管理人员,有利于降低企业内部管理成本,使家族制企业能够在很短的时间内获得竞争优势。

三、家族内部成员之间长期共同生活形成了深厚情感,有着高度的认同感和一体感,有着不可言传的默契关系。因此,凭借着所有者、经营

第五章
团队：能用众力者无敌于天下

者二位一体的高度责任心，能够在决策执行中较有效地去实践决策者的思想。

四、在中小型企业的创业初期，需要对市场机遇的准确把握。灵活多变的经营策略，可以减少经营风险，实现企业的迅速立足和快速增长。家族式管理的决策迅捷，并有很强的执行能力，在做出正确性的决策之后，更重要的是迅速有效地执行决策。是很多企业做不到的，这也是中小型企业能够初步成功的秘诀。

但是，也必须承认，家族式企业虽然能顺利度过艰难的创业期，但当企业完成了资本的原始积累，开始发展壮大后，依然过分依赖于传统家族制度来整合企业资源，就很可能严重束缚企业的进一步发展。

"我们就是这样做起来的！"是民营企业最自豪的表白。从正面理解意味着经验，意味着成就，从侧面理解意味着束缚。一个成熟的企业，明显的标志之一就是不断创新，无论是新技术的应用，还是新产品的开发；无论是新市场的开拓，还是管理手段的改善，因为防范风险不等于拒绝创新，习惯不等于保险。

随着企业的发展，外部环境的变迁，壮大的企业需要处理越来越庞大的信息流，经验决策极易导致决策失误，生意做得越大，投资的风险也越大，甚至永无翻身之时。而企业的发展壮大亟须更优秀的人才加入，企业中家族观念根深蒂固，容易导致任人唯亲，往往存在内耗、钩心斗角、互相防范，从而阻碍了外来人才的进入，挫伤了人才的积极性，失去发展的动力，致使效率低下。这些都对执行企业的管理与激励机制打击很大，势必影响到企业的进一步发展壮大。因此在企业发展到一定程度以后，在管理中要做出大胆的改革和创新。

需要强调的一点是，家族企业并不等同于家族式管理。所以中小型企业可以以家族式管理起步，在发展稳定后还是可以保持家族企业，但是管理方式必须改革和创新。除了要完善公司管理机制，还要建立完善的监督机制和激励机制，更为重要的是要加强团队建设。

正如美国著名管理大师德鲁克所指出的："成功的企业不会采用一人

当家的做法,而是有一个良好的经理班子。"商场如战场,环境瞬息万变,企业在市场中其管理结构及价值观念,需要不断完善和调整,尤其是其文化的内涵,需要不断地深化和兼容,破除家族与非家族成员不能一视同仁的价值标准,突破家族文化的制约,建立公平的用人选拔机制,从物质、精神等各个角度去满足员工不同层次的要求,设计出多样化、多层次的激励措施,吸收和重用外来优秀人才,规范化管理,才能够最大限度地减少决策失误,让企业稳定健康地发展。

阅读感悟

_____
_____
_____
_____

第五章
团队：能用众力者无敌于天下

从"我"到"我们"

21世纪，什么最贵？人才！

战国时期，燕昭王曾高筑黄金台，千金买马骨，为求天下贤才；清代诗人龚自珍也曾大声疾呼："我劝天公重抖擞，不拘一格降人才。"民营企业对于人才同样求贤如渴。

面对跌宕起伏的金融形势和变幻莫测的市场，企业间的竞争日趋激烈，尤其对于成长型企业而言，往往面临人才匮乏的难题，现代企业公司之间的竞争究根结底也是人才的竞争。

为什么需要团队？

在全球化的竞争环境中，技术与市场的变化之快远远超过了以往，企业面临的挑战复杂多变，在竞争日益加剧的今天，随着企业经营规模的日益扩大，势必要求企业进入规范化管理运作的阶段，仅仅依靠领导个人的力量已成为制约企业规模发展的瓶颈，如果没有其他人的协助与合作，任何人都无法取得持久性的成就。

俗话说，"一个和尚挑水喝，两个和尚抬水喝，三个和尚没水喝。一只蚂蚁来搬米，搬来搬去搬不起，两只蚂蚁来搬米，身体晃来又晃去，三只蚂蚁来搬米，轻轻抬着进洞里。"上面这两种说法有截然不同的结果。"三个和尚"是一个团体，可是他们没水喝是因为互相推诿、不讲协作；"三只蚂蚁来搬米"之所以能"轻轻抬着进洞里"，正是团结协作的结果。

依靠优秀的个人就能取得好业绩的方式，不再适应21世纪这个快速变迁的时代，仅仅提高员工个人能力而没有有效的团队协作，在竞争白热化

的今天已经没有生命力了。企业想要对外部环境的变化及时作出反应和调整，就必须一改传统的等级式金字塔管理，改变依靠个人单打独斗的模式。

企业要想成功，在未来的竞争中立于不败之地，就应充分运用人力资源发挥团队的作用，形成强大的团队合力。团队作为一种先进的组织形态，越来越引起企业的重视，世界500强公司中，80%以上的公司都在极力倡导团队工作方式。许多企业已经从理念、方法等管理层面进行团队建设。

对一个公司而言，每一个成员都是一颗晶莹圆润的珍珠，公司不但要把最大最好的珍珠买回来，而且要有自己的"一条线"，能够把这一颗颗零散的珍珠串起来，共同串成一条精美的项链。那么，这条线是什么呢？就是能把众多珍珠凝聚在一起，步调一致，为了共同目标努力的团队精神。而这条项链就是"我们"，就是团队。

什么是团队？团队模式起源于20世纪50年代的日本，对日本经济的崛起起了十分积极的作用。到了20世纪70年代中期，日本成为世界经济大国，企业的国际竞争力跃居世界前列，其奥秘就在于日本企业充分发挥全体员工的智慧，调动员工的积极性，组织成员极强的协作精神，使他们很容易结成坚强的团队，产生强大的团队竞争力。20世纪80年代初，以美国为代表的西方国家的大公司相继引入团队模式。世界500强中的绝大多数公司将团队合作这一概念融入公司的管理中。

事实上，世界上80%的团队都不能算是成功的团队，而且有两种团队特别容易失败：整个团队都是由聪明人组成的；整个团队都是由个性相近的人组成的。

把若干个优秀的个体直接放在一起，是否就一定能构建绩效卓越的团队呢？是否只有最优秀的个体才能构建绩效卓越的团队呢？

什么是高绩效团队？

有句话叫"人多力量大"，在群体组织中，1+1＞2的效果并不容易做到。从个体到团队，"一群人"可以是乌合之众，而团队必须是有高效

第五章
团队：能用众力者无敌于天下

战斗力的整体。团队是在共同利益的基础上，为了相对固定的目标——团队利益最大化，采取相对稳定的组织关系而由具有互补性技能的相互协作的个体组成的正式群体。团队必须拥有一个共同目标，共同的目标是人们凝聚在一起的重要基础。它能够为团队成员指引方向，为团队成员提供推动力，使企业的每个成员在做事的时候都能感到有动力和激情，能够用最理想的状态来面对和解决所遇到的任何问题的群体。高绩效的团队成员之间，始终保持某种程度上的动态的、相互的关系：互补优势、相互影响、相互作用，并进行必要的行动协调，开发团队应变能力和持续的创新能力，依靠团队合作的力量创造奇迹。

1+1＞2是个富有哲理的不等式，它表明集体的力量并不是单个人力量的累加之和。因此，只是把人组织起来，并不足以保证一定能获得企业的成功。一个良好的组织所包含的人才中，每一个人都要能够提供这个团体其他成员所未拥有的才能。

在一个团队中，只有每个成员在共同目标的基础上协调一致，最大限度地发挥自己的潜能，才能发挥团队的整体威力，产生整体大于各部分之和的协同效应。团队的每位成员都要清楚了解在团队中各自的角色，建立起彼此之间的期待和依赖，有效化解矛盾冲突。

什么是团队的优势？

团队竞争力就是企业竞争的能力。从现代企业管理的角度分析，不外乎质量、技术、服务、价格四大方面，而最深层的竞争是人员素质的竞争，机器、设备、技术只要有足够的资金就可以拥有，但人才是最难得到的。一个企业仅仅依赖于几个人才，可能会在短期内有较强的竞争力，但从长远来考虑则远远不够。

团队的竞争力可以表现以下几个方面：

1.提高组织的柔性和适应环境变化的灵活性。在多变的环境中，团队组织可以快速地组合、重组、解散，比传统的部门结构或其他形式的稳定性群体更灵活，反应更迅速。团队集成了各方面不同专长的人一起工作，因此能够应付各种难以预料的变化，提高了企业适应环境变化的能力。

2.团队具有满足个人需要的作用。团队能够满足个人的安全、社交、尊重、自我实现的需要,从而增加个人的满足感和组织的稳定性,减少人员的流动,降低离职率。团队中不同个性和不同才能的人,可以充分利用各自的特点进行优势互补。

可口可乐公司的前任总裁,曾夸下过海口说,即使一把大火,把他们公司的所有厂房设备都化为灰烬,只要他们的人还在,最多半年,又可再建一个可口可乐。他这里所说的人,实际上就是企业的团队组织。也就是说,只要可口可乐的原班人马没有散伙,可口可乐组织团队还在,即使遇到由外部带来的毁灭性打击,它也仍然能够起死回生。这就是团队的威力。

阅读感悟

_____

_____

_____

_____

第五章
团队：能用众力者无敌于天下

从《西游记》看高绩效团队

　　每一个团队都会经历许多的磨难，分分合合。团队在合作的过程当中，开始会有很多的摩擦和争斗，甚至在市场的竞争中不堪一击。在团队的初创期，这都是非常正常的。假如团队没有争斗反而不是一件好事情，有了争斗才会激发我们更多的灵感。团队就是要相互影响相互作用。

　　吴承恩著作的《西游记》是我国的四大名著之一，唐僧师徒四人历经九九八十一难去西天取得真经的故事可谓家喻户晓：白骨精非常聪明，它先变成一个楚楚可怜的少女，博得了唐僧的同情，在被悟空识破后又变成一个寻找少女的老妇人，使整个编造的过程更加的完整，使悟空虽然火眼金睛，看清了妖精的真面目，却无法向肉眼凡胎的唐僧证明，只能又一次违逆唐僧的教诲，向老妇人举起了金箍棒。老妇人被悟空识破后，又变成一个老翁，在唐僧师徒的必经之路上等候，假装在等少女和老妇人的模样。甚至还假拟了一封天书——"恶徒不除取经难成"，唐僧看着从天而降的天书，真的已经容忍到极限，"行凶伤人，取经何用"，唐僧对悟空彻底失望，并痛下决心，与悟空断绝了师徒关系。

　　故事情节跌宕起伏，韵味深远。如果我们从现代管理学的角度来思考，透过《西游记》的故事，我们可以看到其中蕴涵的富有哲理的管理思想。

　　从团队建设角度来看，三打白骨精的故事为我们揭开了一个团队之所以失败的缘由：众所周知，三打白骨精的故事发生时，唐僧师徒的取经团队刚刚组建，应该属于团队磨合期，师徒四人的价值观、性格、经历、心理状态截然不同，师徒之间的沟通不足，默契程度不高，甚至相互猜忌。

由于唐僧他自己无法辨别妖怪,常常把化为人形的妖怪当做好人,对孙悟空打妖怪的事情无法辨明真伪,并且掺杂了过多的个人观点和价值判断,没有查明真相,就一味念紧箍咒来惩罚悟空,师徒分裂是在所难免的。还好唐僧及时进行了调整,关注结果,更多地采用灌输价值观和愿景目标的方式,借此来引导孙悟空的行为,果然取得了事半功倍的效果。

当然,经历了这场劫难后,唐僧的团队逐渐形成了默契,最终取得真经。从现代眼光来考量,在后来的取经路上,唐僧师徒四人的表现则体现了一个优秀团队的战斗力。

试想,我们的团队是否有这种立场不同,视野不同而产生的分歧?是否因为彼此互不信任,觉得对方不可理喻,无法共事?

很多人在读《西游记》的时候,会有同一个疑问:唐僧那么无能,打不能打,跑又跑不掉。而孙悟空一个筋斗云就十万八千里,曾经大闹天宫,玉皇大帝拿他都没有什么办法,还封他为"齐天大圣"。那为什么孙悟空非要历经那么多的艰辛陪着唐僧去取经呢?唐僧为什么可以领导孙悟空?唐僧究竟有什么能力,让孙悟空追随呢?

一个团队之所以伟大首先是因为他的远景伟大,然后才是由于他的成就卓越!从现代管理学的角度来看,唐僧在接受了"西天取经"这一神圣的任务之后,在观音菩萨指点之下,组建了四个人的取经团队,四名成员在性格上各有各的特点,但是有着互补的技能。

对于一个企业来说,有两个"事":事业和事情。对于整个团队来说,唐僧是这个团队的核心,团队的目标就是取得真经,这个任务对于唐僧而言,是个崇高的信念。在他们这个团队中,唐僧的个人眼光、视野和胸怀直接影响到整个取经的成败。一个企业必须有长期目标和短期目标,就像取经路上必须要战胜的九九八十一个考验。他唐僧的任务是明确取经的路线,制定大的战略,设定团队的长期目标和短期目标。

唐僧是一个有大思想和大目标的人,且对目标非常执著。任何时候他都没有说过放弃。不管遇到什么艰难险阻,也不管遇到什么诱惑,他从来不会放弃去西天取经这个伟大的目标。一个团队中,若没有唐僧这种对目

第五章
团队：能用众力者无敌于天下

标非常执著且又有极强的自律精神的人，是很难有所作为的，尤其是作为一个团队的核心人物，这一点是十分重要。并且，他懂得欣赏有能力的人才，能够包容下属身上的缺点。因此，虽然唐僧既非擒妖能手，又不会料理行程上的事务，但是只要坚持取经的信念不动摇，嘴里会念紧箍咒，便一切问题都会有徒弟们替他解决。

应该说，他是许多董事长、总经理的榜样。现在有些企业家总是抱怨员工忠诚度不足，刚刚培养出来就跳槽了。站在唐僧的角度来看，成功的企业家必须要懂得用人之道：因人施用，管理各方面的人才，让合适的人做合适的事情，组织架构清晰，分工明确。他既然把降妖伏魔的任务交给悟空，就应该知道悟空在业务上的专精，就应该"用人不疑，疑人不用"。中国有很多优秀的企业家，有谋略，有战术，但是他们很累，事必躬亲，筋疲力尽，忙于应付。其实，作为企业的领头人，解决了企业初期的生存问题后，最重要的工作就应该去寻找那些弥补自己不足的人才，建立健全公司管理制度，并为员工搭建好让他们发挥自己价值的平台，做到了这些，也必然会得到员工的理解和支持。

从中可以看出，优秀人才必须有，但要控制，用感情打动他，用制度制约他。

在取经的路上，孙悟空在团队里是不可替代的，他陪伴师傅求取真经的使命感和责任感也十分强烈，敢作敢当，敢于和恶势力挑战。他有七十二般变化，降妖除魔的专业技术过硬。从个人素质上来说，孙悟空能量大，敢作敢为，富有创造力、闯劲、冲劲，没有孙悟空的能力，许多事情就没法干成。孙悟空毋庸置疑是唐僧取经团队中的最有战斗能力的人，头脑灵敏，而且他的社会关系和社会资源极其丰富。但是，观音菩萨为什么要在孙悟空头上套一个箍，其中大有学问。孙悟空是一个比较任性的人，容易情绪化，比较容易偏离团队目标，并且喜欢挑战制度。若是没有这个紧箍咒，孙悟空肯定是跟不到最后的。我们可以把这个紧箍咒比作团队的基本的价值取向，孙悟空接受紧箍咒的约束，说明他对团队的基本价值观是认同的。孙悟空一偏离团队目标，唐僧就把紧箍咒一念，孙悟空就

在地上打滚，从而回到团队目标的轨道上来。就如同现实生活中，能力大的人，当然是团队的重要资源，但如果对团队的基本价值观不认同的话，这种人破坏性会大于建设性。如果紧箍咒箍不住孙悟空的话，此人是断不可用之人。

再看猪八戒，有一个社会心理调查发现，男性比较喜欢孙悟空，而女性普遍比较喜欢猪八戒。人很丑，但很温柔。脾气好，天生乐观派。他总是给团队带来乐趣、幽默。假若没有八戒的话，团队气氛会没有活力。当一个团队面临巨大的外部压力时，八戒如同一个心理调节师，总是给团队带来快乐，营造欢乐的氛围。八戒最大的优点是性格好、不记仇、有包容心、有同情心、有爱心，不失忠勇和善良，知错就改。他幽默可爱的个性也充当着组织润滑剂的角色，这都是他对组织的贡献，所以在组织中功不可没。如今商战中残酷的竞争更要去的企业团队有高效沟通的能力。猪八戒这样性格的员工，最适合担当企业团队中公关部部长一类的职务，口才好，人缘好，化解矛盾的功夫是一流的，是内外关系的黏合剂。组织中的侧重沟通、协调关系的角色都类似于他，是极其重要的。

再说少言寡语的沙僧，主要工作是挑担，是体力活，看似可有可无，却是不可或缺的。沙僧，是个老黄牛式的人物，本事不大，但勤勤恳恳、任劳任怨、勤奋、忠诚、可靠。沙僧可以视为本事不大但对团队的价值观强烈认同的人。沙僧是企业中典型的任劳任怨型的员工，兢兢业业地做着最基础的工作，他虽然没有职业经理人的风光与协调关系者的公关本领，但是他懂得感恩，对团队有绝对的忠心，确定了目标就会全力以赴，执行力强，能主动担起自己的责任，与其他成员间的默契配合。但是，这样的员工缺乏主见，总是缺少那么一点点悟性，缺乏创新精神，过于平淡，激情不够。

在去西天取经的路上，唐僧、孙悟空、沙僧、八戒师徒四人历经十四年寒暑，九九八十一磨难，与各路妖魔鬼怪进行战斗，最后达到西天取回真经，应该说是他们整个团队的成功，四个人缺一不可，唐僧靠徒弟保护，徒弟靠唐僧渡化解脱，彼此扶持，少任何一个，西天取经这项伟大的事业都不可能成功，真是各有各的用处。四个同一类型的人，同样也不会成功。四个唐僧不行，四个孙悟空也不行。要是四个孙悟空，恐怕走不出200里地就会打起来分手，四个沙僧、八戒同样不行。正是个性、气质、能力各异的成员组合在一起，这个团队才是最理想的，也是高绩效的。领导者用人，尤其是组建领导团队，一定要避免成员结构的同一性。

在取经的路上，他们展示了一个优秀团队的特质：

1. 目标清晰。人是活在希望中的，一个团队没有清晰的目标，成员就失去了希望与抱负，那么团队的存在也就失去了意义。因此一定要让团队成员熟知他们所要做的是要达到一种什么样的目标。团队的目标要切实可行，过高或者过低的目标，都会挫伤团队成员的积极性。在明确团队目标的前提下，细分团队成员的目标。作为团队的领导者，要懂得规划的方法，共同制定目标。

2. 团队意识。归属感、认同感可以让每一个人都充满活力，愿意为目标全力以赴。个人以身为团队的一分子为荣，个人受到鼓舞并拥有自信自尊；组员以自己的工作为荣，并有成就感与满足感；有强烈的向心力和团队精神。在有限的资源之下，创造出最佳的绩效。成员间真诚的赞赏彼此，是帮助团队快速磨合、快速成长的动力。

3. 互相信赖。整体至上，好的结果来自好的团队，好的团队来自好的关系，彼此信任，充分沟通协调，虽有不同看法但会互相尊重，得到共识。过程也许有不一样的声音，最后能够朝向共同的目标前进。以狼这种团队意识最强的族群来说，狼虽然通常独自活动，但你不会发现有哪只狼在同伴受伤的时候独自逃走。

4. 能力互补。构建一个团队首先要弄清楚他的目标是什么，进而确定需要什么样的人才能实现这个目标，并确定具体用人标准，找出每位团队成员所需具备的知识和技能，进行人员选拔。成员都有自己的性格，有自己的特长，有自己的经验，每个人的能力就好比军队冲锋时拿的手枪、步枪、冲锋枪、大炮等等。各有各的用途，有擅长打远处的，有擅长打近处的，有擅长打天空的，只有充分地实现人员能力的互补，相互配合才能赢得胜利。

5.责任明确。对团队来讲,完善的制度与机制是实现团队共同目标的保证。团队应具有严明的纪律,合理的授权,明确的责任和义务,这样才能充分调动各方面的积极性和创造性,做到人尽其才,各尽所能,既实现了员工的个人价值和团队价值,又可避免团队成员因责、权、利不明确而导致的冲突,从而损害团队的整体利益。团队成员要有明确的职责划分,每个人都应该知道自己的责任。责任包括两方面的意思,一是做好应该做好的;二是,如果做不好,要承担相应的惩罚。

所谓"能用众力,则无敌于天下矣;能用众智,则无畏于圣人矣"。管理大师杜拉克曾说过:"团队的目的,在于促使平凡的人,可以做出不平凡的事"。团队概念强调整体的利益和目标,强调组织的凝聚力。团队中的每一个人围绕着共同的目标发挥最大潜能,而管理者的任务主要为员工创造积极、高效的工作环境,并帮助他(她)们获得成功。团队之所以能够起到1+1>2的效果,主要是因为团队中的每个成员都能为了共同的目标齐心协力、同舟共济。

IBM认为,团队就是一小群有互补技能,为了一个共同的目标而相互支持的人。对于一个团队来说,最基本的是要有一个清楚的目标:志同道合。反过来说,团队不是仅指任何在一起的工作集团,团队工作代表了一系列的激励倾向、积极响应他人观点、对他人提供知识并尊重他人的兴趣和成就的价值理念。团队的业绩来自每一个成员的个人成果,以形成集体成果,这就要求团队队员具有牺牲自我、协调一致、团结战斗的精神去完成团队的共同任务与目标。

阅读感悟

_____
_____
_____

第六章　看人：领头人需独善甄选的智慧

去过庙里的人都知道，一进庙门，首先是弥勒佛，笑脸迎客，而在他的北面，则是黑口黑脸的韦陀。

相传在很久以前，他们并不在同一个庙里，而是分别掌管不同的庙。弥勒佛热情快乐，所以来的人非常多，但他什么都不在乎，丢三落四，没有好好地管理账务，所以依然入不敷出。而韦陀虽然管账是一把好手，但成天阴着个脸，太过严肃，搞得人越来越少，最后香火断绝。

小胜凭智，大胜靠德

德鲁克指出：企业只有一个真正的资源："人"。

在一个企业中，有四大核心：核心员工，核心产品，核心客户，核心事情。以员工为核心，是因为工作需要员工来做；以产品为核心，是因为产品不仅仅是员工在生产，同时也是员工在销售；以客户为核心，是因为是员工在为其提供服务；而员工每时每刻都在解决企业随时出现的问题。如果没有了"人"这个资源，产品不能生产，新项目无人开发，没有销售人员开发渠道就无法赚取利润，有了问题没有人来解决，那局面将是一团糟。

"参天大树，始于种子"，在知识经济时代，企业最重要的资源不再是土地、资金或是劳动力，而是人力资源。人才是知识经济的核心资源，竞争的本质其实就是人才的斗智斗勇。为员工创造机会是企业管理者的责任。企业不仅应当关心和尊重每一位员工，满足员工在精神和物质上的要求，更注重挖掘员工的潜能。

"自从第一次请王超老师来我公司为我们所有员工做了一次《打造团队核心竞争力》的内部培训，当月公司业绩增长了30%，现在王超老师作为我们公司的常年顾问，我们公司掀起了学习的热潮，公司很多问题都得到了非常好的解决。"这是北京丽美人美容连锁有限公司总经理魏金海给予我的评价。

"欢迎加入丽美人世界，共同缔造美丽和财富梦想。"是企业喊出的梦想，但是，在企业经营过程当中，丽美人集团也遇到了人才难求，团队没有足够的凝聚力，对待工作只是敷衍了事，没有真正地做到以企业为

第六章
看人：领头人须独善甄选的智慧

家，优秀人才流失的问题。

在我的培训中，我首先就强调了看人选人的重要性。如今，丽美人公司跟巨思特已经合作三年了，他们所有的经销商招商会都是我来做的培训。

"树靠根牢，人靠品好"。人品先于产品，因为真正的好产品都是有道德的。做事先做人，只有好的人品，才可能有好的产品和服务。推销产品，首先在于推销人品。在市场经济中，企业与客户打交道，产品质量再好，如果不能够获得客户的信任，客户也不会接受企业的产品。人品决定产品，人品以德为本，产品以质为本，人品与产品互为因果关系。然而，产品时由人生产出来的，所以归根结底，人品决定产品，人品决定企业的命运。在打造企业的产品之前，应先把自己人品这块最重、最必要的牌子磨炼出来。

高待遇、高素质、高压力是一个成功企业用人的"三高原则"，企业要为员工营造一种求实进取、公平公正、坦诚融洽、团队协作的组织氛围，并以公司的可持续发展作为实现对员工承诺的坚实基础，与员工共同成长、共享成功、共创远景。现在，很多的企业主张打破常规，不唯学历重能力，不唯资历重业绩，通过建立一套规范的选人、用人、育人、留人机制和激励约束机制，真正做到唯能是用、人尽其才、才尽其用。

我们常常说，做销售，卖的不仅仅是产品，更是人品，只有先让客户接受你的人品，才能让客户接受你的产品。

在我所服务的企业中，经常会听到不少企业的老板、职业经理人，甚至是普通员工一边叹气，一边叫苦：现在生意难做呀，业务难跑呀，单难接呀！特别是在这金融危机的影响下，不少大中小企业在风浪的吹打下，资金链的断裂，订单的减少，不少大中小企业在这次金融危机中不得不关门避难。

在如今竞争激烈的市场环境中，企业的核心工作莫过于以招商与销售为中心的市场运营。众所周知，经销商是企业和市场消费者之间的桥梁；但是，招商难是企业所共知的，在供大于求的市场环境中，经销商同样是

企业渴求的上帝。我们同样看到很多的酒企在用了各种营销招商措施、设点进行人员招商、花费了大把的广告费等之后却依旧难以招到满意的渠道商家；当然，招商失败的原因有很多，有产品本身的如质量、性能、包装、价格定位等等，企业在市场推广过程中，开发新产品重要，营销措施也重要，但是最重要的还是企业的老板及员工的素质和人品，尤其是和客户有直接接触机会的员工，而这恰恰是诸多企业所忽略的环节。

假设你接到这样一个任务，在一家超市推销化妆品，时间是一天，你认为自己有能力做到吗？你可能会说：当然。那么，再给你一个新任务，推销汽车，一天一辆，你做得到吗？你也许会说：或许吧。如果这个任务是连续多年每天卖出一辆汽车呢？相信90%的人肯定会说：不可能，没人做得到。

但是，就有人做得到。这个人在15年的汽车推销生涯中总共卖出了13001辆汽车，平均每天销售6辆，最多一天销售18辆车，一个月最多销售174辆车，一年最多销售1425辆车，而且全部是一对一销售给个人的。他也因此创造了吉尼斯汽车销售的世界纪录，连续12年荣登世界吉尼斯纪录大全世界销售第一的宝座，至今无人能破。同时获得了"世界上最伟大推销员"的称号，这个人就是乔·吉拉德先生。

乔·吉拉德也是全球最受欢迎的演讲大师，曾为众多世界500强企业精英传授他的宝贵经验，来自世界各地数以百万的人们被他的演讲所感动，被他的事迹所激励。

他出生于美国底特律市的一个贫民家庭。9岁时，乔·吉拉德开始给人擦鞋、送报，赚钱补贴家用。乔·吉拉德16岁就离开了学校，成为一名锅炉工，并在那里染了严重的气喘病。后来他成为一位建筑师，到1963年1月为止，盖了13年房子。35岁以前，乔·吉拉德是个全盘的失败者，他患有相当严重的口吃，换过40个工作仍一事无成，甚至曾经当过小偷，开过赌场。35岁那年，乔·吉拉德破产了，负债高达6万美元。为了生存下去，他走进了一家汽车经销店，3年之后，乔·吉拉德以年销售1425辆汽车的成绩，打破了汽车销售的吉尼斯世界纪录。

第六章
看人：领头人须独善甄选的智慧

乔·吉拉德很有耐性，不放弃任何一个机会。或许客户5年后才需要买车，或许客户两年后才需要送车给大学毕业的小孩当礼物；没关系，不管等多久，乔·吉拉德都会隔三差五地打电话追踪客户，一年12个月更是不间断地寄出不同花样设计、上面永远印有"I like you！"的卡片给所有客户，最高纪录曾每月寄出16000封卡片。

15年间，业绩突出的乔·吉拉德有很多跳槽、升迁的机会，但是他总是拒绝，他名片上的头衔始终是"销售员"。那么，乔的推销业绩如此辉煌，他的秘诀是什么呢？答案就是"不得罪一个顾客"。

在每位顾客的背后，都关联着超过200多个与他关系比较亲近的人：同事、邻居、亲戚、朋友。

如果一个推销员在年初的一个星期里见到50个人，其中只要有两个顾客对他的态度感到不愉快，到了年底，由于连锁影响就可能有5000个人不愿意和这个推销员打交道，他们知道一件事：不要跟这位推销员做生意。

这就是乔·吉拉德的秘诀。在他的推销生涯中，他每天都抱定生意至上的态度，时刻控制着自己的情绪，不因顾客的刁难，或是不喜欢对方，或是自己心绪不佳等原因而怠慢顾客。乔说得好："你只要赶走一个顾客，就等于赶走了潜在的超过200个顾客。"

乔·吉拉德说："没有什么比销售人员的个人品质更重要的了。销售人员不具备优秀的个人品质，那他最好别干这行，干了也是白干，没有哪位客户喜欢个人品质有问题的家伙！干销售这行，没有一流的个人品质，就不会有一流的销售业绩。"

的确，随着高科技和信息技术的发展，产品同质化趋势越来越明显，这就使得消费者在做出购买决定时，不仅要看产品质量，价格和性能，更多的是要看销售人员本身的服务能力和专业水平。做销售的最高境界也就是做人。具体而言，销售分为三类：即一流、二流、三流。

三流销售人员口才好。对产品很了解，对企业也了解，就是那种能说会道的人，就像在演讲似的，讲得让客户感觉到这个产品很好。这是作为销售人员最基本素质。

二流销售人员懂得利用各种资源。过去是那种一个人靠自己的实力做销售，而现在是一个资源性的销售，一定要让所有的人都来帮你做，这样的销售肯定是会达到良好效果的。因为你毕竟一个人的力量有限，你要能够调动和利用市场的资源、技术的资源、客户的资源、包括利用你直接领导的老板的资源、利用自己的社会资源来做销售。

一流的销售人员销售的其实就是他自己的人品，销售自己的人格。那么，无论今天你是卖微软的东西，明天是卖索尼的东西，最后哪怕你是卖一瓶矿泉水，他都会来买你的。因为不论你推销的是任何东西，一旦消费者对你产生了喜欢，依赖之情，他也就自然会喜欢，信赖你的产品。反之，如果销售人员缺乏诚信和基本的专业知识，而且更缺乏激情，连自己对自己的产品都没有信心，就很容易引起消费者的反感和质疑。这样无论其推销的产品有多好，销售技巧多么高明，都很难激发消费者的购买兴趣。

也就是说，在产品同质化越来越明显的今天，销售人员销售的不仅仅是产品，更多的是销售人品，销售最优质的服务。

在这个世界上，有两种力量是最伟大的：一是倾听；二是微笑。倾听，你倾听得越长久，对方就会越接近你。不要喋喋自说自话、喋喋不休。上帝为何给我们两个耳朵一张嘴？就是让我们多听少说。

有人拿着100美金的东西，却连10美金都卖不掉，为什么？你看看他的表情？要推销出去自己，面部表情很重要：它可以拒人千里，也可以使陌生人立即成为朋友。因此，作为每一个出色的业务员要牢记住，更多时候，人们信任的或许不是我们的产品，而是我们自己。

诚实是身份证，公正是通行证。企业要强调员工诚实、面对客户、面对同事；不隐瞒身份，不使用假身份证、假学历，不伪造个人简历；勇于承认错误，不怕可能存在的负面影响；不搬弄是非，不讲不利于团结的话，不做不利于团结的事。工作中一是一、二是二，不夸大、不缩小，不美化、不捏造，实事求是，说到做到，履行自己的承诺和达成的协议。

而选择企业的中层管理者，同样需要注重对人品的选拔，公正做事就

第六章
看人：领头人须独善甄选的智慧

是在工作中严格执行公司制度，用制度管人，依制度做事，做到"对事"而不"对人"，客观公正地对待工作；不徇私枉法、偏袒不公，不滥用职权压制、打击、报复同事。

只有诚实做人，公正做事，先做人后做事，先付出才会有丰厚的回报。

阅读感悟

_____
_____
_____
_____

德与才，孰轻孰重

"树靠人修，人靠自修"。要从根本上解决问题，要抱着溯本求源的心态，从人力资部门到非人力资源部门，如何选对人、用好人成为企业营运基础性工作、企业发展的重点。因此，企业在引进人才的时候尤其要重视对员工自身品德的审核，强调员工先以人品征服客户，再赢得客户对企业产品的青睐的原则。

通过一个课程的培训，丽美人的整个团队的凝聚力得到了空前的增强，尤其是他们的销售团队，锻造成了一支销售铁军，当月业绩增长30%以上。

有一个关于千里马的故事，很生动。一个农场主买了一匹千里马，回到家中发现实在没有什么重要的事情需要千里马去完成，便把千里马养在马厩里。时间长了，家里人开始埋怨农场主，说他好草好料养了一匹没用的马。农场主也觉得大家说得有道理，便决定给千里马安排工作。可农场里除了耕田、拉车、拉磨外，根本没有其他工作可以用到马，于是农场主决定用千里马去耕田。

千里马驰骋惯了，一到田里便开始奔跑，把扶犁的人拉着摔了好几个跟头，再没有人愿意用千里马耕田了。

农场主又用千里马去拉车，可千里马跑得太快，很快就把车轮子跑掉了。看来千里马也不适合拉车。

农场主没有办法，就把千里马送到了磨坊，让它和一头驴子一起拉磨。开始千里马总是走得太快，驴子根本就跟不上，农场主就让伙计们用

第六章
看人：领头人须独善甄选的智慧

鞭子抽打千里马。只要千里马走得稍快了一点，伙计的鞭子就落到了千里马身上。慢慢地，千里马适应了拉磨，和那头驴子配合得非常默契了。

农场主看到千里马终于派上了用场，很高兴。可不久他又觉得千里马既然干着和驴子相同的活儿，就要享受与驴子同样的待遇。于是千里马好草好料的特殊待遇没有了，每天吃着和驴子同样的草料。

千里马越来越老实、温驯了，拉磨时也不再高昂着头了。

有一天，农场主上山巡视，不慎被猎人布置的打狼的夹子夹住了一条腿，随从的人好不容易把他弄回家里。当地的医生说农场主伤势很重，需要立即送到城里救治。农场主当即想起了那匹千里马，他让家人从磨坊里拉出那匹千里马，由医生护送自己去城里救治。

千里马终于又有了驰骋的机会，一上路便开始奔跑，虽然身上载着两个人，但它的速度还是很快的。可没跑出多远，千里马就因为体力不支而放慢了速度，最后索性在原地转起圈来了。

等医生回去找了别的马把农场主送到城里，因为延误了治疗，农场主的那条腿只能被截掉了。

从城里治疗回来的农场主做的第一件事情就是宰掉了那匹千里马，把它下了油锅。

千里马的可悲下场让我们十分痛心，但也引发我们进一步思考：在我们企业当中，我们需要什么样的人才？应当如何对待人才？

通常，我把人才分为四种：有德有才、有德无才、无德有才、无德无才。事实上，以德、才双变量来判断一个人，是大多数企业共性的做法。

第一种：有德有才。是千里马型的人才，属于精品。有德有才排第一肯定是没有争议的，任何一家企业都希望用这样的人。

故事中千里马的悲剧也是农场主（企业）的悲剧。最悲哀的是千里马，没有遇到"伯乐"，在农场被改造得失去了原有的秉性和特质。千里马，日行千里，夜行八百，是一匹千里挑一的宝马，它的长处是奔跑，本应该驰骋沙场，"冲锋陷阵"，或去赛马，或去传递信息，而偏偏被农场主买去做普通马能做的事，去干耕田、拉车、拉磨等农活，不是战死沙

场,而是死于槽枥之间,没有发挥应有的作用和价值,可说是碌碌无为。农场主在用人、选才方面有大问题,不能把优秀的人才放到合适的岗位上,发挥他应有的作用。

第二种:有德无才,是属于勤勤恳恳的老黄牛式员工。在工作能力上不能与德才兼备的人相比拟,应该属于次品。有德无才是好人,德才兼备是贤人。把公司的事当成自己的事,把公司当成自己的家,用心去做每一份工作,这恐怕是每一位老板都希望自己的员工能够这样去做,实际上这种人,在每个公司大有人在。

只要有德,即使才能不够,还可能通过培训提升才能而成为可用之人;而德却是一个人经过长期沉淀下来的,不是一朝一夕能改变的,如果无德之人进入到团队中,就会影响团队工作的氛围,危害可想而知。有德行的人才,对于企业的忠诚度极高,他们本性善良,不会欺瞒他人,不会投机取巧,做事情本本分分、踏踏实实,但由于能力有限,尚不足以担当重任。但是,俗话说勤能补拙,人的潜力是无限的。有德无才者可以通过学习修炼、岗位磨砺和潜能开发来加强,他的工作能力会随着工作经验的不断积累而不断提升。对于"有德无才"者,管理者要给予他们不断成长的机会和平台。

第三种,有才无德。这种放到现代,对企业来说是狗才。司马光曾说:才胜德者,小人也。纵观历史上的奸臣和汉奸们,很多都是很有才学的人,但是正是因为他们有才但无德,给社会和人们带来深重的灾难。对他们来说,才学越大危害也就越大。赵高、秦桧、严嵩就是其中比较突出的三位。企业最终的目的就是利益最大化,有才无德的人能为企业快速地带来效益,但是如果不能控制好,就会反咬一口。这种员工对于企业来讲,就像是毒品,有才干,要时刻注意观察其行为规范,一旦做了有损公司利益的事情,不论是跳槽后中伤原企业,还是自立门户成为竞争对手,或是出卖公司信息给竞争对手,后果都是可怕的,因此对这种有才无德的员工要限制使用。

第四种,无德无才。这种人我们通常称之为猪才,是企业人员当中的

第六章
看人：领头人须独善甄选的智慧

废品，属于坚决不用的一类。在当今竞争激烈的社会，大家只有共同协助、敢说敢做，敢于承担责任，才能把事情做好。如今，任何一家有规模的公司都提倡团队协同作战、携手并进、优势互补，有话当面讲，更利于沟通和解决问题，而现实中却有这样一些员工，自己没有能力把工作做好，又担心被踢出局，就会到处搬弄是非，在工作中稍微吃点苦就叫苦连天，这种人绝对不会有太大的发展，属于"百害而无一益"的一种人，对这种人公司千万不能姑息挽留。

综合来讲，企业提拔人才时要遵循一个原则：有德有才，破格重用；有德无才，培养使用；有才无德，限制录用；无才无德，坚决不用。

企业在管理上，要把重点放在普通员工上，因为企业中最多的还是需要兢兢业业把基础工作做好的员工。如果更多精力放在精品式员工上容易变成毒品式员工。精品员工引导一下就行，毒品员工要控制在把握能力之内，在一定的条件下要适当地参与，在毒品员工的团队中掌握团队中的骨干，要用感情维系团队中的核心，不要多参与团队的管理建设，以免费力不讨好。

需要强调的一点是，在对员工进行德才考评时要注意以下三点：

1.不要感情用事，不要凭个人好恶来对人员进行分类。
2.不要做判官，不要以貌取人，要从沟通中多面了解。
3.导入核心的几个人来参与，了解别人的看法。

对于企业而言，应该是有德有才重用，有德无才慎用，无德有才慎用，无德无才弃用，这才是做好一个企业管理的精髓。

阅读感悟

坚韧的责任心比能力重要

金融危机席卷到了中国内地的企业,接到裁员通知的那一刻,张力的心好似被铁锤猛击了一下,整个人呆住了。在公司的洗手间里躲了许久,她的情绪才慢慢平静下来。

在公司的这几年,张力一直踏踏实实、勤勤恳恳,本职工作做得非常好,同事们也喜欢这个手脚勤快,笑容甜甜的女孩子。

近几个月,公司的生意一直不景气,裁人在所难免。在本科生成堆的业务部里,中专毕业的张力首当其冲。不过,被裁人员一个月以后才会正式离岗。

第二天上班,张力依然笑容甜甜,同事们的眼神中却多了几分同情,语气中也多了几分客气,本来该张力做的事情,总有人主动揽过去。不用说,大家都有点可怜倒霉的张力。

一大早,有人在复印厚厚的一本技术资料。"还是我来吧。"张力走到复印机前,拿起厚厚一沓资料。同事转过身,看到的是一张平静而诚恳的面容。同事犹豫了一下,离开了复印机。

一整天里,张力仍像往常一样,有条不紊地忙碌着,打印资料、翻译文件、收发传真、转接电话……

渐渐地,同事们似乎忘记了张力的遭遇,他们又像往常一样找张力,有的说:"帮我发份传真。"有的说:"快帮我查份资料。"有的说:"我出去一下,有人找,就帮我招呼一声。"

张力连声答应着,有条不紊地把事情一件一件办好。

一个月很快就过去了。最后一天,张力收到一份通知,公司老总亲笔

第六章
看人：领头人须独善甄选的智慧

写下一句话："像张力这样的员工，我们公司永不嫌多。"

在这个世界上，每一个人都扮演了不同的角色，每一种角色又都承担了不同的责任。正是责任，使我们在困难时能够坚持，让我们在成功时保持冷静，让我们在绝望时懂得不放弃。在猝不及防的人生风暴前，只有坦然与坚韧，才能成功地实现突围。在一个企业中，责任这种素质永远比能力重要。

企业是没有围墙的大学，责任心是企业的立足之本，员工是企业的主人，如何让他们学会从承担责任中获得满足和快乐，有强烈的责任感。只有清楚责任才能更好地承担责任。没有做不好的工作，只有不负责的人。负责是一种人格力量，勇于承担责任的人会永远得到别人的尊重。在公司里，只有勇于承担责任的员工才会得到老板的信任，才会得到同伴的认可。

责任心是一个人对自己的所作所为负责，是对他人、对集体、社会、国家，及至整个人类承担责任和履行义务的自觉态度。如果一个人没有责任心，他即使有再大的能耐也做不出好的成绩来。

有责任心的人一定会努力、认真工作；有责任心的人做事会坚持到底，不会中途放弃，说到做到；有责任心的人一定会按时、按质、按量完成任务，解决问题，能主动处理好分内和分外相关工作，有人监督与无人监督都能主动承担责任而不推卸责任。

就是那些身边的所谓"小事"，往往成为考察一个员工的关键。《士兵突击》里的钢七连连长高城说："信念这玩意不是说出来的，是做出来的。"其实，每天的工作做久了，谁都会觉得枯燥。古人说了：远路无轻担。所以，坚韧才是体现一个职业人士精神的所在。能不断重复地做好每一件事，才是专业化的表现。成功就是不断重复地做简单的事情，这说起来简单，做起来不易，要的就是一颗坚韧的责任心。

多年前，我们公司有一个员工，接了一笔"小业务"。那确是一笔很小的业务，没什么大的问题。他把更久远的一份课件传给了对方，很多我们已经更新的培训内容，他清楚地知道，但是他觉得这个小业务，客户的要求不会很高，就只是做了些文字加工和改动，就把它交了上去。

当然，我们给对方做了一个很精彩的培训。事情就这样过去了。

一年后的一天,还是这个员工与别人组成一个项目小组,一块去谈北京新开业的一家企业的培训方案。不料,对方的业务主管明确提出,我们对巨思特的培训水平十分认可,但是,对你们派出来的这个年轻人的印象不好,要合作可以,我们要求换人。原来,该主管正是当年那个项目的委托人。

也许,年轻人只是偶然地遇到这两件事,但这种偶然性当中其实已包含了必然性,这样的人,怎么能够赢得别人的信任与赏识呢?年轻人最初的草率,已注定他日后将丧失良机。因为越是从微不足道的小事上,越能看出一个人的本质来。一个对自己经手的事情敷衍塞责的人,怎么可能是认真、敬业的人呢?反之,一个人若是对自己所做的每一件事都竭尽全力,那他必将为自己赢得越来越多的机遇。

漫长的一生中,每个人的命运看似变化莫测,但实际上,我们今天所走的每一步,都已为明天埋下了伏笔。也就是说,我们的明天,是由今天的所作所为决定的。我们所做的每一件事,都如同我们随手撒下的一粒种子,在时光的滋润下,那些种子慢慢地生根、发芽、抽枝、开花,最终结出属于自己的果实。

一个公司的成功运转不是一两个人的高能力来推动的,大部分能力普通的员工恰恰是创造了公司相当大部分的赢利,所以已经站稳脚跟、运转正常的公司对高能力的需求不会那么强烈,而且为了减少不负责任带来的负面危害,公司会更多地追求员工的责任心,并且在责任心合格的前提下,再用能力评定来激励员工。

阅读感悟

第六章
看人：领头人须独善甄选的智慧

积极主动的态度比能力重要

坦白点说，中国人的性格大多属于比较内向的类型，在学习和工作中都不够主动。在学校时，学生们往往需要老师安排学习任务，或是按照老师的思路做课题研究。在公司里，也常常要等老板吩咐做什么事、怎么做之后，才开始工作。此外，许多中国人并不善于推销和宣传自己，这恐怕和中国自古以来讲究中庸的文化氛围有很大关系。

但是，要想在现代企业中获得成功，就必须努力培养自己的主动意识：在工作中要勇于承担责任，主动为自己设定工作目标，并不断改进方式和方法；此外，还应当培养推销自己的能力，在领导或同事面前要善于表现自己的优点，有了研究成果或技术创新之后要通过演讲、展示、交流、论文等方式和同事或同行分享，在工作中犯了错误也要勇于承认。只有积极主动的人才能在瞬息万变的竞争环境中获得成功，只有善于展示自己的人才能在工作中获得真正的机会。

保持向上的激情，不论你遇到了多揪心的挫折，都应当以坚持不懈的信心和毅力，感动自己，感动他人，把自己锤炼成一个做大事的人。成功需要付出代价：从古到今，凡成事者，成大事者，莫不受尽磨难，在磨难中完成自我教育，如此才能水到渠成地成就事业。在工作中，我们要做到的一点就是主动去做应该做的事，只有克服懒惰，积极进取的人，才能不断成功，不断取得好成绩。

为什么一些人更容易成功？

商界精英、政坛骄子和艺术天才总是不少家庭用来教育和引导孩子的

榜样。有些家长很自豪，因为他们的孩子是天才，似乎与生俱来就掌握了成功的钥匙；有些父母很欣慰，因为他们的孩子虽然需要点拨，但最终还是走向了成功之路；而有些人却很无奈，为什么自己的孩子从来就没有雄心壮志呢？

在当今生存环境如此艰难的社会，竞争力已经成为每个人必须面对的问题。很多成功人士的经验告诉我们，关键在是否有"雄心"。什么是雄心？雄心，或者说抱负，用通俗易懂的语言解释就是：在别人抢到蛋糕之前抓到其中最大一块的心理需要。在刺激人类产生行为的各种因素中，雄心可以说是分配得最为"民主"的。自然就是一种零和游戏，因为每当你为自己的家庭杀死一头牛时就意味着别人少了一头。基于这种原理，抢先的需要根植于每一个人心中。

加州大学的心理学家西蒙顿说："雄心是充沛的精力和决心，而且还需要目标。有目标而缺乏精力的人陷于空想，而有精力无目标的人整天忙忙碌碌却不知为何。

在我们巨思特的文化墙上，在我们的员工天地这一空间里，壁垒分明地挂着"员工天地虎"、"员工天地雄鹰"、"员工天地鲨鱼"三块考评板。这是三种天性都是主动性、进攻性、侵略性、战斗力强的动物，也代表了我们员工的拼搏气势。

在执行力的所有要素中，积极主动的工作态度是核心。有人说，在执行力中，能力是非常重要的。话是这么说，缺乏工作能力，执行力就无法得到保证，但工作能力可以很快培养，而工作的态度则很难一时之间培养成功。工作的态度，是一个人从小到大养成的习惯，受到其周围成长的环境影响，如果在现在的工作环境中，没有这样一种氛围，让其刻意地去改变这种习惯，则无论能力如何增长，其执行力也不会发生变化。

在我培训的一家公司，做前期调研的时候，对方谈起他们最近主办会议中遇到的一些事，感觉有很多不满意的地方，尤其是对下属的执行力感到不是太满意。这是一场涉及很多单位的综合性会议，为了能使会议顺利进行，他从会议的前期准备到会议的具体接待，直至最后的会议纪要与总

第六章
看人：领头人须独善甄选的智慧

结，都做了精心的策划与安排，并将每项工作都安排到具体的工作人员，可是在实际会议期间，还是碰到了许多具体的问题，而这些问题，在他看来都是不应该发生的。

问题一：有些参会的单位提前来了，可是负责接待的具体人员因为事前没有得到交代，遇到这种情况不知如何处理，所以就不知该怎么办了，让这些会议代表等了很久。

问题二：开会时，有些与会单位的人员没有及时赶到会场，相关会议负责人员除了像其他人一样等待，不知道想办法处理。

问题三：会议的最后一项议程是到现场参观，为了防止车辆之间因不熟悉而分散，安排相关人员在车辆内部向外贴上"会议用车"的标牌，可找不到驾驶员时，如何办，相关人员就没了主张，最后还是这位朋友亲自出马，才解决了问题。

当然还有其他一些类似的问题，最后，朋友说，我们的部下还缺乏一些工作的能力，并为此感到担忧。其实，我认为，还是相关人员的态度存在问题，他们并没有把分配给他们的工作，当成一件非常重要的事来对待。正是因为缺少了这种积极主动的态度，自然也缺少了认真的态度。如果他们有这种态度，以上这些问题都不会发生，他们至少会先让代表们住下来，至于其他费用之类的东西，回头再慢慢请示；至少会打个电话给相关的代表，问明情况，是否不参会了，还是身体出问题了，或者只是忘记了会议时间，甚至可以提前几分钟提示一下；至少他们应该给各个驾驶员打个电话，然后就可以很快确定是哪些车辆了。这些事情都不复杂，但情况却都因为缺少一点点主动，而使问题发生了。

在培训的过程中，不难发现这家企业员工的工作能力都是不错的，而且出现的这些问题都是他们能力范围内可以轻松解决的问题，但事实上并没有解决，并引发了很多的混乱。但是，即使是在我的培训过程中，他们仍然没有一个积极主动的态度，我们不好说，但至少在这次会议中，他们缺乏这种态度。事实上，朋友在安排相关工作时，对每个人的责任范围没有进行交代，只是虽没有设想每个可能出现的问题，但他们没能处理好相

关问题，这说明确实是执行力有问题。

谈到执行力，我可以讲几天几夜，可能讲很多内容，但我认为，态度决定一切。只要有了积极主动的工作态度，所有的问题都能得到很好的解决，所有的制度都能得到很好的执行，所有的策略都能得到很好的实施。

没有这种积极主动的态度，所谓的执行，也只是表面上的、被动地应付。一旦发生计划外的突发状况，只能消极等待。因此，培养自身积极主动的工作态度，在员工周围营造这样的氛围，对企业和团队的执行力建设而言，显得非常关键。

如果有了积极主动的工作态度，则在碰到问题时，会积极主动地去想解决办法，即使自己想出来的办法很差，但也能保证问题的解决；或者能积极主动地去请教别人。积极主动这种习惯其实是一种做事的态度。而相反的，很多人在碰到问题时，不去主动想解决办法，而是等，等领导指示，等别人提醒，像毫无生气的算盘珠一样，拨一下，动一下。

如果有了积极主动的工作态度，则在做完事情以后，从发现的问题中就能不断地进行自我总结与回顾。不只是对事情本身进行总结，还包括处理事情的过程，思维方式方法，这样不断自我总结，既提高了能力，也进一步强化了积极主动、认真负责的态度。对企业负责，对自己负责，对事情负责。

因为，他们在做事的过程中，主动用了心思，期望这样做的事情，能得到一个结果，不论结果好坏。因此，他们在做事时，不只是完成事情，还希望把事情做好，使结果尽可能完美。因此，当别人有什么意见与想法时，都会成为其今后改进的方向。

在与这些能力优秀的员工进一步交流时，我问大家是否看过一本书《致加西亚的信》，其实在工作中，我们很多人都像加西亚一样，接到任务之后，并没有提任何问题，但结果却有天壤之别，加西亚成功地完成了任务，而失败的我们究其原因，就是少了一份积极主动寻求解决办法的态度。

说到底，态度决定一切。积极主动的执行态度不但决定员工个人能力的增长，更加强了团队整体的作战能力。

第六章
看人：领头人须独善甄选的智慧

阅读感悟

_____
_____
_____
_____

别跌倒在自己的优势上

三个旅行者同时住进一个旅店。早上出门时,一个旅行者带了一把伞,另一个旅行者拿了一根拐杖,第三个旅行者什么也没有拿。

晚上归来,拿伞的旅行者淋得浑身是水,拿拐杖的旅行者跌得浑身是伤,而第三个旅行者却安然无恙。于是,前面的旅行者很纳闷,问第三个旅行者:"你怎会没有事呢?"

第三个旅行者没有回答,而是问拿伞的旅行者:"你为什么会淋湿而没有摔伤呢?"

拿伞的旅行者:"当大雨来到的时候我因为有了伞,就大胆地在雨中走,却不知怎么淋湿了;当我走在泥泞的路上时,我因为没有拐杖,所以走得非常仔细,专拣平稳的地方走,所以没有摔伤。"

然后,他又问拿拐杖的旅行者:"你为什么没有淋湿而摔伤了呢?"

拿拐杖的旅行者说:"当大雨来临时,我因为没有带雨伞,便拣能躲雨的地方走,所以没有淋湿;当我走在泥泞坎坷的路上时,我使用拐杖拄着走,却不知为什么常常摔跤。"

第三个旅行者听后笑笑说:"这就是为什么你们拿伞的淋湿了,拿拐杖的跌伤了,而我却安然无恙的原因。当大雨来临时我躲着走,当路不好走时我细心地走,所以我没有淋湿也没有跌伤。你们的失误就在于你们有凭借的优势,认为有了优势便少了忧患。"

许多时候,我们不是跌倒在自己的缺陷上,而是跌倒在自己的优势上,因为缺陷常常给我们以提醒,而优势却常常使我们忘乎所以。有过人

第六章
看人：领头人须独善甄选的智慧

之处固然是好事，但是不要让它成为你的绊脚石。

在现代社会生活的每一个人，都希望自己能成为某个范围、某个领域的佼佼者，拥有旁人不曾有的"优势"。而企业在选择人才时，也往往会要求应聘者明确地讲出他的优势。而一个人要想在竞争激烈的社会上有所发展和成就，没有自己的优势和特长是不可能的，这是一个人获得成功的基础，但我们往往会看到一个人在自己擅长的领域中踌躇满志地耕耘了一辈子，到头来却毫无建树，甚至越来越糟。

我们常说："干一行爱一行，干一行精一行。"这本无可厚非，而且在行业上有所造诣是人生的一大财富。但千万不要让优势这扇门关住了自己，思维的固化，对自己能力的片面定位，必然会导致故步自封、墨守成规的生活态度，结果只能将事情办糟。

有优势的人往往内心都很骄傲，听不得别人的建议，除了自己专精的业务心无旁骛。有一位在企业做部门经理的朋友，工作认真，成绩出色，无论哪个方面都几乎是无可挑剔，但许多几年前和他一起进公司的甚至成绩不如他的同事都纷纷被提升了，而他却还是个小小的部门经理，他很是愤愤不平。后来他找到我，说出了自己的想法，我的回答让他茅塞顿开："你没被提升，不是做得不够优秀，而是你只顾埋头做自己擅长的本职工作，却没有及时地充实公司其他方面的知识，提高自己的综合能力。公司提升职员并不是以其在本部门工作是否出色为标准，而是以是否适合为标准。所以几年下来，你仍然在做你最擅长的工作，却无法让自己有更大的成就。事实上，阻碍你发展的，恰恰是你引以为豪的优势。"

面对飞速发展的社会，靠一门手艺打遍天下的时代一去不复返了。今天的香饽饽，可能就是明天的糟饭团，所谓的"铁饭碗"也只能是一个时代的产物，是不符合市场规律的。唯有不断地提升自己，随着时代的变化而变化，你才能适应这个世界的发展。否则，你终将被这个飞速发展和变化的世界所抛弃，如果那个时候才明白，就真的太迟了。

当然了，人最大的优点还是要懂得如何善用自己的优势。没有十全十美的人，当然也没有无用之才，人人都有自己的优势，但并不是每个人都

能利用好自己的优势,如果不能正视,很可能会成为前进道路上的绊脚石,因此我们不能让我们的优势变成我们的绊脚石。

优势,是指自己比别人强的地方,我们可以凭借自己的优势压倒别人。但是,人人都能用好自己的优势吗?答案是不一定。

以前,人们把不识字的人称为"文盲",现如今,指的就是不懂信息技术的人。这都归咎于信息技术的发展。但是,是不是懂了信息技术的人才就一定会有正确的发展道路呢,还记得几年前,一个名为"熊猫烧香"的电脑病毒袭击整个中国。其始作俑者是一名仅为十几岁的电脑高手制造的。多少专家都未破译,而他在几秒钟就轻松搞定了,他因此犯了法,入了狱。他也是凭借自己电脑制作的优势,但是他的优势却是他人生的绊脚石,最后的结果是他锒铛入狱。

从以上的例子可以看出"优势"并不一定是真的优势,只有真的发挥好自己的优势,使自己的长处弥补自己的短处,取长补短,而自己整体进步即达到整体的最优目标才是最好的发展。

阅读感悟

_____
_____
_____
_____

第六章
看人：领头人须独善甄选的智慧

忠诚才会形成归属感

选用能胜任的员工难，选用能忠诚的员工难上加难。诸葛亮在《将苑·知人性》中讲道："夫知人性，莫难察焉。"可见，连"智圣"也不免对选人用人发愁。

所谓忠诚，意为尽心竭力，赤诚无私。企业员工的忠诚度是指员工对于企业所表现出来的行为指向和心理归属，即员工对所服务的企业尽心竭力的奉献程度。员工忠诚度是员工对企业的忠诚程度，它是一个量化的概念。忠诚度是员工行为忠诚与态度忠诚的有机统一。行为忠诚是态度忠诚的基础和前提，态度忠诚是行为忠诚的深化和延伸。

你的顾客是否持续地购买你公司的产品或者服务，决定了你的公司是否能获得成功。然而，就像我们已经发现的，你的顾客对你的产品满意度还远远不够。为了确保顾客能够不断惠顾，顾客忠诚度应该得到足够重视。

种种迹象表明，顾客忠诚度的水平是由员工对公司的感觉来决定的。员工能否忠于公司，做好工作与公司的整体利润存在着很大的关联。因为，任何一个项目，都需要团队中的所有人来对其负责。而员工对工作和公司的态度是导致员工在顾客面前表现的两个重要因素。而员工对顾客的所作所为又导致了顾客是否再次惠顾和是否向其他人推荐产品的可能性，这两个因素也就预示着公司财务上的状况。

如果你拥有忠诚的员工，那你也就得到了顾客的忠诚。

我们公司的用人制度就是这样，能者上，庸者下。公司有一个同事叫

全秀勇，来公司的时候是我面试的。他是和他弟弟一块来的，我面试的时候只要了他，因为我觉得他的各方面无论是言谈还是行为举止更适合做销售，他弟弟相比较他而言就显得各方面差一点。所以我只留下了他，没选择他的弟弟。

就这样过了三个月，全秀勇一分钱一份业绩都没有。按照公司的人事制度规定，三个月试用期期满无业绩是要被淘汰的，但是我认为他是一个可塑之才，所以决定再给他一个机会。

一个月之后，全秀勇仍旧没有业绩，有一天全秀勇找到了我，递上了辞呈。"王超老师，不是为别的，谢谢您一直以来这么器重我，但是我真的得走了，因为我不想成为公司的负资产，我有最后一个请求，我走了不要紧，我能不能把我的弟弟带过来，就是上次您拒绝的那个应聘者，因为我觉得巨思特就像家一样，我没有做到的事情，希望我的弟弟能继续帮我完成。我喜欢我们这个大家庭，我希望我弟弟也能来到这里，能比我有更好的表现，能够尽快地融入这个集体，忠于这个集体。万分感谢！"

说心里话，看了他的辞呈，我内心十分受触动，我对他说："你不要跟我说，你去跟大家说。"

第二天的早晨，是我们例行的晨会，全秀勇当着大家的面，拉着他弟弟的手："我不能完成的事，我希望你能完成。"大家都抱头痛哭。当时的场面非常感人。后来的结果也证明，同样忠于我们这个团队两兄弟，虽然一个离开了，一个留下了，但是，确确实实，他的弟弟把哥哥没有做到的工作出色地完成了。

我想，如果全秀勇没有对巨思特有绝对的信心，没有那三个月培养出来的忠诚度，他是不会在自己失败后，再拖自己的亲弟弟下水。他对企业的信任和忠诚，也成就了他弟弟的事业。

招聘，是员工忠诚度全程管理的第一环节，是员工进入企业的"过滤器"，其"过滤"效果的好坏直接影响着后续阶段企业对员工的忠诚度管理。因此，企业在招聘过程中要做到以下几点：

其一，在招聘和甄选过程中，不要只重视对应聘者工作能力的考察，

第六章
看人：领头人须独善甄选的智慧

但是仔细查看应聘者的简历，在面谈的过程中，要能详细了解到该应聘者曾经在哪些企业工作过、平均工作时间长短、对上一家公司领导和同事的看法、离职原因等等，一个频繁换动工作的人在其主观方面一定存在问题，忠诚度的建立难度较大。

其二，注重人才的价值观。价值观决定行动力，企业在招聘过程中不仅要看应聘者的工作能力，还要了解应聘者的个人品质、价值观、与企业价值观的差异程度及改造难度等，并将其作为录用与否的重要考虑因素。为了保证员工忠诚度，有些公司甚至宁愿放弃雇佣经验丰富但价值观受其他公司影响较深的应聘者，而去雇佣毫无经验但价值观可塑性强的应届毕业生。他们通常有较强的适应接受能力，通过培训、磨合以后，容易形成企业归属感，从而成为一支强大的生力军。

招聘是双向选择、相互承诺。可是一些企业特别是急需人才的中小型企业，为了能尽快招聘到合格的人才，往往会忽略了一个人的忠诚度素养，有的也会为了赢得优秀人才的尽快加入，而夸大企业的规模实力和发展前景，给了应聘者过高的承诺和期望。这样的方法，双方都会因彼此的承诺没有兑现而失去彼此的信任，从而导致忠诚度的降低。

我在给一些企业做忠诚度管理的培训时，总是抓住了员工的试用期，在他们熟悉工作这一时期，因为这时期的员工兴趣最浓，同时也是企业与员工联系最为紧密、忠诚度管理的最佳时机。很难想象一个对企业不满意的员工会忠于企业。

保持诚信的情况下要想培养员工的忠诚度首先要提高员工的满意度。这就需要给员工提供富有挑战性的工作和舒适的工作环境，建立合理的薪酬制度和公平透明的晋升制度，以及推行人性化的管理等。但是，满意度高并不表示忠诚度一定高，要建立高忠诚度还必须培养员工的归属感，让员工感觉到自己是企业不可缺少一分子，只有这样，员工才会忠于企业。

没有人喜欢被蒙在鼓里，人人都希望"我是重要的"。员工参与企业决策的范围越广、程度越大，员工对自己在企业中地位和重要性的评价就越高，其归属感也就越强烈。员工被重视的程度不仅直接影响员工的工作

绩效，而且会影响其对自己在企业中地位和重要性的评价。因此，加强内部沟通，做到信息共享，创造一种坦诚相待、相互信任的"家庭"氛围，是促进员工产生强烈的归属感，让员工忠于企业的第一步。如果员工希望参与，而你却不给他这种机会时，他们就会疏远管理层和整个组织，企业对他来说也就仅仅是一个"过渡之地"，当然也就谈不上忠于企业了。

另外，人的本质是社会的，每个人都不能离开集体、团队的交流、帮助来完成一项独立的工作。相对于整个企业来说，团队内员工的技能互补性更强，任务的完成更需要彼此之间的密切合作，因此，员工在团队内的重要性更为明显，其团队意识也就更强烈。一个和谐共进的团队氛围更加有利于培养员工的归属感。

阅读感悟

_____

_____

_____

_____

第七章　用人：简单的人际关系最轻松

　　一个人去买鹦鹉，看到一只鹦鹉前标示着：此鹦鹉会两门语言，售价200元。另一只鹦鹉前则标示道：此鹦鹉会四门语言，售价400元。该买哪只呢？两只都毛色光鲜，非常灵活可爱。这人转啊转，拿不定主意。结果突然发现一只老掉了牙的鹦鹉，毛色暗淡散乱，标价800元。这人赶紧将老板叫来：这只鹦鹉是不是会说八门语言？店主说：不。这人奇怪了：那为什么又老又丑，又没有能力，会值这个数呢？店主回答：因为另外两只鹦鹉叫这只鹦鹉老板。

"马斯洛+1"的需求理论

佛经上有句话,叫做"无欲则刚",意思是说,一个人如果没有什么欲望的话,他就什么都不怕,什么都不必怕了。但是,人活在世,时时刻刻都被各种各样的欲望包围着。欲望尽管是无限的,但是又有轻重缓急之分,美国心理学家马斯洛就在自己提出的人类五层次需求学说里总结了人类在不同层次、不同阶段存在的不同形式需求。

马斯洛认为,人类社会之所以无时无刻在发展,那是因为他们永远朝着更高的需要前进,中国有句古话"仓廪实而知礼节"也印证了这个问题。

人类价值体系存在两类不同的需要,一类是沿生物谱系上升方向逐渐变弱的本能或冲动,称为低级需要和生理需要。一类是随生物进化而逐渐显现的潜能或需要,称为高级需要。

人都潜藏着这五种不同层次的需要,但在不同的时期表现出来的各种需要的迫切程度是不同的。人的最迫切的需要才是激励人行动的主要原因和动力。人的需要是从外部得来的满足逐渐向内在得到的满足转化。在高层次的需要充分出现之前,低层次的需要必须得到适当的满足。

马斯洛的需求层次理论有两个基本论点:

其一,人是有需要的动物,其需要取决于他已经得到什么,还缺少什么,只有尚未满足的需要能够影响行为。

其二,人的需要都有轻重层次,某一层需要得到满足之后,另一层需要才出现。马斯洛认为,在特定点时刻,人的一切需要如果都未能得到满足,那么满足最主要的需要就比满足其他需要更迫切。

第七章
用人：简单的人际关系最轻松

马斯洛将需求划分为五级：生理需求、安全需求、社交需求、尊重需求和自我实现需求五类，依次由较低层次到较高层次。各层次需要的基本含义如下：

一是生理需求。这是人类维持自身生存的最基本要求，包括吃、穿、住、行等方面的要求。如果这些需要得不到满足，人类的生存就成了问题。在这个意义上说，生理需要是推动人们行动的最强大的动力。马斯洛认为，只有这些最基本的需要满足到维持生存所必需的程度后，其他的需要才能成为新的激励因素，而到了此时，这些已相对满足的需要也就不再成为激励因素了。

二是安全需求。这是人类要求保障自身安全、摆脱事业和丧失财产威胁、避免职业病的侵袭、接触严酷的监督等方面的需要。马斯洛认为，整个有机体是一个追求安全的机制，人的感受器官、效应器官、智能和其他能量主要是寻求安全的工具，甚至可以把科学和人生观都看成是满足安全需要的一部分。当然，当这种需要一旦相对满足后，也就不再成为激励因素了。

三是社会上需求。这一层次的需要包括两个方面的内容。一是友爱的需要，即人人都需要伙伴之间、同事之间的关系融洽或保持友谊和忠诚；人人都希望得到爱情，希望爱别人，也渴望接受别人的爱。二是归属的需要，即人都有一种归属于一个群体的感情，希望成为群体中的一员，并相互关系和照顾。感情上的需要比生理上的需要来得细致，它和一个人的生理特性、经历、教育、宗教信仰都有关系。

四是尊重需求。人人都希望自己有稳定的社会地位，要求个人的能力和成就得到社会的承认。尊重的需要又可分为内部尊重和外部尊重。内部尊重是指一个人希望在各种不同情境中有实力、能胜任、充满信心、能独立自主。总之，内部尊重就是人的自尊。外部尊重是指一个人希望有地位、有威信，受到别人的尊重、信赖和高度评价。马斯洛认为，尊重需要得到满足，能使人对自己充满信心，对社会满腔热情，体验到自己活着的用处和价值。

五是自我实现需求。这是最高层次的需要，它是指实现个人理想、抱负，发挥个人的能力到最大限度，完成与自己的能力相称的一切事情的需要。也就是说，人必须做称职的工作，这样才会使他们感到最大的快乐。马斯洛提出，为满足自我实现需要所采取的途径是因人而异的。自我实现的需要是在努力实现自己的潜力，使自己越来越成为自己所期望的人物。

马斯洛的需求层次理论说明人的行为是由需求决定的，这五个层次的需求是由低到高依次上升的，而只有未满足的需求才能起到激励作用。

美国麦考密克公司成立一段时间后，由于经营方式逐渐落后于时代，公司渐渐变得不景气，以至陷入裁员减薪的困境，几乎马上就要倒闭了。此时，C.麦考密克继任。他一上任就向公司的全体员工宣布了一项令人吃惊的与以前截然不同的措施：自当月起，全体员工每人加薪10%，工作时间适当缩短。从此，士气大振，一年内公司就扭亏为盈了。

如今，该公司已成为国际知名的大公司。奇迹的发生就在于管理者满足了员工的前四个层次的需求，加薪让员工的生存不再成为问题，同时也为员工增添了安全感，主动缩短工时让员工有了归属感，有了受尊重的感觉。员工们自然会卖力工作，以期实现自我价值。

当然，马斯洛的理论认为，激励的过程是动态的、逐步的、有因果关系的，在这一过程中，不断变化的需求控制着人们的行为，不同的人对于各个层次的需求是不同的，因此在满足需求时也必须因人而异。管理人员在对待下属的不同需求时，需随时调整不同的激励措施。简而言之，人的欲望是无穷无尽的，要想更好地激发下属的工作热情，就要不断捕捉和满足他们的低层次欲望需求，同时让他们总有新的欲望，这样一个组织才会有源源不断的发展动力。因此，今天我要再加一层，就是第六项需求——超越自我的需求。

每个人的基本需求都相同，但是每个人都有不同的梦想。有的人达到自定的目标之后，不禁又问：我要的只有这些吗？这是因为他们从未真正了解自己所需，也不知道如何达到理想，只一味盲目地追求环境塑造出来的目标，这个时候，我们能做的，只能是不断地改进自我、超越自我，不但可激发自己的潜力,更加了解自己的实力,也能督促自己不断地向前努力迈进,这种不断自我超越的同时也影响一个人未来是否获得成长或可以做出的、更大的成绩和对企业更杰出的贡献。

所谓"山外有山,天外有天,人外有人"。生活就如同爬山,越是到了海拔高处,就越充满激情与挑战,越有了攀登更高峰的渴望。只有慵懒的人才愿意在山脚看风景,只有以乐观向上,不畏艰难的心态去拼搏,才会赢得人生的高度。

海伦·凯勒当得知自己与他人不同时,她微笑了,世界上有太多共同点,也许自己就是个与众不同的焦点,这一微笑使她名垂青史。

当代之世界、当今之中国,科技日新月异,信息、知识、技术不断发展。在这种形势下,只有学习型组织才能确保企业的持久发展。

千帆竞发,百舸争流,在这激烈竞争的浪潮中,谁主沉浮?事业的兴衰成败,谁执牛耳?是人才!恰当地激发我们的员工,不断地进步,不断地自我超越,就需要企业有能力,有方法来满足员工自我超越的需求。

永远觉得自己做得不好,员工有这样的心态,企业才可以不断提升整体的竞争力。如何做到?就需要我们的管理者在努力做好自己的同时,在我们的企业和团队中建立一种互相观摩,互相学习的伙伴关系,并为他们创造快速提高的舞台和途径。

概括来说,团队要想发现人才、留住人才、更好地使用人才就要有针对性地满足员工的需求。

1.有生理需求的员工,以合理的薪酬留人。

2.有安全需求的员工,要以情感留人。

3.有社会需求的员工,要用培训的方式留人。

4.有尊重需求的员工,要用良好的氛围留人,赞美是个重要的力量。

5.有自我实现需求的员工,要用发展的空间留人。

6.有超越自我需求的员工,要用远景留人,推崇公司的价值,塑造员工个人的更高价值。

员工忠诚度与其需求被满足程度成正比,将需求层次与员工管理联系

在一起，才能更确切地认识到不同员工的需求，从而进行更有针对性的管理。个人需求因在工作、生活、家庭中角色不同，会有极大的复杂性，清楚自身不同角色下的不同需求，才能平衡心态，有的放矢。在实际工作中很难完全对号入座，员工的需求会五花八门，不同层次的需求会集中体现于一个人的身上。在同一时期，一个人可能有几种需求，但每一时期总有一种需求占支配地位，对行为起决定作用。任何一种需求都不会因为更高层次需求的发展而消失。各层次的需求相互依赖和重叠，高层次的需求发展后，低层次的需求仍然存在，只是对行为影响的程度大大减小。但要分析其"核心需求"，抓住了员工的"核心需求"，就会在管理上事半功倍。

阅读感悟

_____
_____
_____

第七章
用人：简单的人际关系最轻松

最好的沟通是善于倾听

曾经有个小国的使者来到中国，进贡了三个一模一样的金人，金碧辉煌，把皇帝高兴坏了。可是这小国的人不厚道，同时出一道题目：这三个金人哪个最有价值？皇帝想了许多的办法，请来珠宝匠检查，称重量，看做工，都是一模一样的。怎么办？使者还等着回去汇报呢。泱泱大国，不会连这个小事都不懂吧？最后，有一位退位的老大臣说他有办法。皇帝将使者请到大殿，老臣胸有成竹地拿着三根稻草，插入第一个金人的耳朵里，这稻草从另一边耳朵出来了。第二个金人的稻草从嘴巴里直接掉出来，而第三个金人，稻草进去后掉进了肚子，什么响动也没有。老臣说：第三个金人最有价值！使者默默无语，答案正确。

这个故事告诉我们，最有价值的人，不一定是最能说的人。老天给我们两只耳朵一个嘴巴，本来就是让我们多听少说的。善于倾听，才是成熟的人最基本的素质。

相对企业团队讲，管理者也是团队的一员，要注意沟通的重要性。管理者只有认知了自己也是团队的一员，他对下属的沟通才是有效的沟通。身为管理者在与团队成员沟通时，应注意方法、细节和技巧的运用。最好的方式当然是面对面地交流，也就是双向沟通，团队成员沟通更应该建立在互相尊重、互相信任、互相宽容、互相帮助的基础上。

凡是让员工把牢骚埋在肚子里的公司，结局会更糟糕。注意倾听是一种重要的交流信息的技巧。赞成对方所说的话，可以轻轻地点一点头，表示赞许。对他们所说的话感兴趣时，要展露一下你的笑容。利用身体语

言，如头部、臂部的摆动表达你的意思，可以使对方感到心情愉快，增加谈话的效果。如果他讲话不连贯，一下子找不到合适的词。千万不要插嘴，这种帮助一点也不会让人高兴。尤其当他面对的是他的顶头上司，他会感到很难为情，因为这反映出他的思维反应不够快，反映出他准备得不够充分。

交流技巧差的第一个的特征就是喜欢打断别人的讲话。曾经有人提出这样的疑问："为什么人两只眼睛、两个耳朵、两个鼻孔，却只有一张嘴呢？"对于这个问题有先人给出了特别精妙的回答："因为上帝让我们多听少说。"精通交流技巧的人，在谈话中气氛轻松，无话不说。因为他们知道实际上交谈的持续性比谈话内容的趣味性和真实性更重要。

在别人讲话时做一个好听众，不仅能表现出一个管理者的教养和风度，更不会错过对方话题中有用的信息。在我们的工作中，常会见到这样一些人，能言善辩，说起话来便滔滔不绝，很少耐着性子完整地听别人把话说完。给人的印象是独断专行、固执偏激的霸王脾气。而那些素养很高的人能与不同背景的人很快聊在一起，他们在私人聚会、商业宴会上或酒吧里，总是神情专注地听他人的闲谈。即使他们谈的是日常琐事，也不会轻易打断别人的话题。

交流技巧差的第二个重要特征就是贬低或挑剔别人，结果却是既不能取悦于人，也无法真正地取悦于己。有些人认为讲话就是要直来直去，显得诚实，就应该做到"知无不言，言无不尽"。但想一想，说者无意，听者不爽。拙劣的讲话技巧根本达不到劝导的目的。对此，孔子曰："恭而无礼则劳，慎而无礼则葸，勇而无礼则乱，直而无礼则绞。"劝诫当以礼为先，心直口快，不讲究予人以礼的道理，讲话就变得尖酸刻薄。

交流技巧差的第三个特征是听他人的谈话时面无表情、没有信息反馈，或是目光斜视、心不在焉。东方人大都讲求含蓄，很多时候把自己的内在情绪也掩藏了，在与人交流时往往三缄其口。而在交流的对象眼中就是反应迟钝，面无表情，你没有听他的讲话，你对他不够重视，等等。明智的交谈技巧是当人家讲话时，对每段话都做出反应，听懂了应该说好；

第七章
用人：简单的人际关系最轻松

人家讲完了，应该说：嗯，是呵，对呀，真的吗？这并不表示你赞同他的观点，但是你的表现告诉对方你在仔细倾听他的话，也在传递着你对他的尊重。

美国知名主持人林克莱特一天访问一名小朋友，问他说："你长大后想要当什么呀？"小朋友天真地回答："嗯……我要当飞机的驾驶员！"林克莱特接着问："如果有一天，你的飞机飞到太平洋上空所有引擎都熄火了，你会怎么办？"小朋友想了想："我会先告诉坐在飞机上的人绑好安全带，然后我挂上我的降落伞跳出去。"当在现场的观众笑得东倒西歪时，林克莱特发现孩子的脸颊上的两行热泪。于是林克莱特问他："为什么要这么做？"小孩的答案透露出一个孩子真挚的想法："我要去拿燃料，我还要回来！"从这个小故事中，可以看出在你听到别人说话时一定要真正听懂他说的意思，如果不懂，就请听别人说完吧，不要把自己的意思，投射成别人的意图，这就是"听的艺术"。

在我做销售人员的时候，我总是会用心去倾听客户说话，我会在对方滔滔不绝的谈话中发现客户心中的矛盾、欲望，为进一步说明、说服打下基础。当然，做一个懂得倾听的人，并不意味着只听不说，而是多听少说，尤其要少说废话。

听人谈话，并非只是简单地用耳朵听就行了，也不只是用心去理解，还需要积极地做出各种反应。如果你只是毫无表情地缄默，或者心不在焉地一点反应都没有，就会让对方十分尴尬和不快，觉得自己是在"对牛弹琴"。相反，如果你能耐心地倾听对方的谈话，在无形中就提高了对方的自尊心，为接下来的推销创造了和谐融洽的气氛，此时你再提出中肯客观的观点和答案，对方就很容易接受了。

在一项关于销售的调查结果显示，拥有最多的顾客资源的往往是那些善于倾听的销售高手，而不是能言善辩，引人注目的演说家。其实，这也没有什么不可思议的。我们每个人，其实都渴望表达自己。聪明的聆听者能够让说话者有充分的表达欲望和表达机会，自然就更容易获得别人的好感。总之，听客户谈话应该像自己谈话那样，专心致志地聆听，时刻保持

团队革命 TUANDUI GEMING

饱满的精神状态。

另外,很多成功的人在说话时过于绝对和武断,或模棱两可,高声辩论,这些都是交流技巧差的表现。善于使用语言交流技巧的团队,会令整体素质形象提高。作为企业的领头人,更不要感情用事地和他人争辩,或有心理上的抵触情绪。以耐心、信心、恒心、毅力去克制对方的浮躁、虚张声势的状态,就是我们要强调的管理绝学——以柔克刚。

阅读感悟

_____
_____
_____

第七章
用人：简单的人际关系最轻松

理解员工发牢骚的冲动

荀子说："自知者不怨人，知命者不怨天，怨人者穷，怨天者无志；失之己，反之人，岂不迂乎哉！"是说有自知之明的人会选择生活道路，不做无谓的抱怨，时刻把握命运的主动权。

但是，荀子的圣贤境界不是每个人都能达到的，大多数的人更像堂·吉诃德的侍从桑丘，忍不住诅咒"命运女神像个喝醉了酒的婆娘，喜怒无常，而且双目失明，一味瞎干瞎闯！"

马克·吐温的话能够给予我们更多的安慰和启示，他说："每个人都在谈论天气，但却没有一个人会对天气做什么。"这句话透露出每个人心中的内疚，却也是组织能够顺畅运作的关键：虽明知什么都不会改变，却有股想要发发牢骚的冲动。

哈佛大学的心理学教授梅约说，和没有人发牢骚的企业相比，有人发牢骚的企业会更成功。梅约教授把这种现象叫做牢骚效应。他认为，牢骚是改变不合理现状的催化剂。牢骚虽不总是正确的，但认真对待牢骚却总是正确的。有人发牢骚，说明他对现状的改善有信心，没有信心，他就不再发牢骚！

梅约的观点来源于他对一家美国企业的"谈话试验诊治"。这家制造电话交换机的企业在芝加哥郊外，各种生活和娱乐设施都很完全，福利做得也相当不错。但让厂长感到困惑的是，员工的生产积极性却并不高。梅约深入员工中间，发现很多员工有牢骚。于是梅约采用"谈话试验"法，耐心倾听工人对厂方的各种意见和不满，并做详细记录。员工的不满情绪

发泄出来了，工作积极性自然就高涨了，工作效率也大为提高。

由此可见，对待牢骚，宜疏不宜堵。堵则气滞，牢骚升级。疏则气顺，心平气和，情绪高涨，员工的工作积极性和主动性自然提高，精神面貌为之焕然一新。有牢骚未必是坏事，关键是如何对待牢骚、转化牢骚、化牢骚为工作动力。

在美国的有些企业，有一种叫做HopDay（发泄日）的制度设定。就是在每个月专门划出一天给员工发泄不满。在这天，员工可以对公司同事和上级直抒胸臆，开玩笑、顶撞都是被允许的，领导不许就此迁怒于人。

在日本松下公司，所有分厂里都设有吸烟室，里面摆着一个松下幸之助本人的人体模型，工人可以在这里用竹竿随意抽打"他"，以发泄自己心中的不满。等员工打够了，停手了，喇叭里会自动响起松下幸之助的声音，松下说："厂主自己还得努力工作，要使每个职工感觉到：我们的厂主工作真辛苦，我们理应帮助他！"

员工抱怨公司的理由，和抱怨天气一样，并不是因为他们想要改变什么，而是因为这些小小的"消极性仪式"，为员工的牢骚提供了出口，能够让员工确认共同的经验而凝聚在一起。

在企业管理中，员工的牢骚让每一个管理者都头痛过。既然牢骚在所难免，管理者的难题就发生了变化，从怎样不让员工发牢骚，变成怎样让员工发牢骚。

将无伤大雅的抱怨，变成愉快的例行公事的一部分，让员工彼此间不再心存芥蒂；这类的抱怨可以增强社交关系，并建立一股共同体的感觉。这将使下属平时积郁的不满情绪都能得到宣泄，从而大大缓解了他们的工作压力，提高了工作效率。

在我所服务的企业中，位高权重压力大，是很多企业领导者的长存状态。在任何一家企业中，领导几乎都是唯一有权利发脾气的人。但必须要注意的是，领导是任何一个企业中都不能随便发脾气的那个人。因为领导者的雷霆大作会使下属们陷入一种莫名的惶恐和混乱状态，领导者的情绪也会在一定的程度上影响下属的工作状态。

第七章
用人：简单的人际关系最轻松

古代曾经有位暴君，上至文武百官，下到黎民百姓，无不对他的昏庸残暴怨声载道。暴君就下令修建了更多的监牢，对人们的任何牢骚都要兴师问罪，最后人们见面都不敢随便讲话，熟人相见也只是匆匆互使眼色，而不敢有过多的交谈。终于有一位正直的朝中大臣向他进谏道："大王，您虽然可以用这种手段封住百姓的嘴，可以用监牢关住百姓的人，但是您却无法控制住他们反抗的心。这样下去，早晚会激起民愤的，到时候您就什么都制止不住了。"昏君对此毫不理睬，依旧是暴力镇压。没过多久，百姓再也无法忍受这位暴虐的昏君，纷纷揭竿而起，推翻了他的统治。从这个事例中我们不难领悟，强迫别人隐藏自己的观点是十分危险的。拥堵拦截的效果远不如疏导，适时地让下属们发发牢骚，会让他们随时释放心中的压力和不满的情绪，而后重新精神饱满地投入到工作中。

心理学讲，凡正常人都有自尊心。人们之所以有情绪、烦躁易怒，除了个人的品格修养，还与其他人对其不够信任、支持力度不够、出言不慎、不够尊重等因素有关。身为领导者，在做下属工作时要以商量的语气、谦和的语言进行劝慰、启迪和诱导。保持平衡的情绪、愉快的笑容、饱满的工作热情是领导人服众的关键。

在现代企业中，工作和环境的压力在所难免。监管下属和令下属稳定工作情绪和提高工作效率，领导者必须具备令下属信服之处。安排工作时不妨想想若与下属易地而处，自己是否能够信服领导的安排。团体的气氛很重要，一旦有人发脾气，就会充满火药味，和谐的气氛就被破坏了。

没有一个企业的员工是不发牢骚的，每个人的利益不同，看问题的角度就不同，同一件事情，在不同的员工眼中会有不同的效果。比如说调整作息时间，就必然有一部分拥护赞同，但同时也会有另外的一部分员工不满而牢骚满腹。作为领导，要提高自己的心理承受能力，懂得把牢骚视为一种正常的现象是十分必要的。面对下属的牢骚，要保持冷静的态度，不要听见一些风吹草动，就煞有介事地开会批判。对于牢骚，完全可以大事化小，小事化了。当然，不能任由牢骚堆积，牢骚太多了就必然要影响员工的积极性和进取精神。解决的办法不是找到发牢骚的人，而是找到牢骚

的根源，再采取有效的措施。很多时候，员工发牢骚只是为了宣泄心中的怨气，倾听和沟通是解决牢骚最好的方法。

阅读感悟

_____
_____
_____
_____

第七章
用人：简单的人际关系最轻松

授权是最大的尊重和信任

管理授权是指授权人授予被授权人一定的权力和责任，使被授权人在授权人的监督下有相当的自主权，当然授权人对被授权人仍有指挥权和监督权，而被授权人则对授权人负有完成任务的义务和责任。

随着企业的不断发展壮大，规模与效率的冲突慢慢开始产生，而矛盾的核心与根源就是管理方式的选择：集权或分权。在中国，管理方式采用集权还是分权一直存在巨大争议，高层集权式管理是中国企业中管理形式的主流，但其弊端也很明显，尤其在参与市场竞争时，过度集权明显会削弱企业的反应速度与市场竞争能力。可采取分权，又极容易失控，甚至会出现组织分裂、各自为政等管理问题。集权行动缓慢，分权天下大乱，到底该集权管理还是分权管理，到达一定规模的企业，其高层管理者在两难中徘徊。

授权确实是一种有效的领导方法。然而，一些中小民营企业的老板并不明白，时常听他们感慨，随着企业业务量的增长，团队越来越膨胀，需要应付的工作和各种关系越来越多，因此越来越感到力不从心。而且随着竞争的加剧，越来越意识到需要有专业化的操盘手，才能保证业务的持续增长和公司的良性发展。有不少民营企业为了摆脱家庭式管理，也聘用职业经理人。但引进职业经理人后，官职可以给，银子可以给，审批权万万不可给，属于典型的"给官给钱但不给权"。对于职业经理人而言，与职位相对应的审批权、决断权是其开展工作的最基本需要，只有官位但没有实权的职业经理人在实践中不可能发挥作用。

但是，大多数民企的老板不懂得授权是基于一种充分信赖的心态，对自己、对他人信赖。因此令他们感到最头痛的不是选择职业经理人的问题，而是聘用了职业经理人后授权的信任问题。因为缺乏信赖的人，不会采取授权的领导方式，而是将权柄牢牢抓在自己的手中，让自己疲于奔命。

在企业中，授权是管理人的重要任务之一。许多人不肯或不能这样做，因此始终被钉在从属的职位上。授权他人是成功的一半，一个事无巨细，不能将工作授权别人的人，注定会遇到极大的障碍。从实际情况来看，当我们对别人不放心时，是因为他们的能力都还达不到，所以只好自己做，越是自己做，工作越是分解不出去，下面的人越是没有能力去做，形成恶性循环。可是，若授权得当，所有参与者均可受惠。我们都知道授权的主要权力在于管理者，所以如何有效授权？是管理者非常重要的任务。

管理者要想有效授权，必须先过自己的心理关。管理中最大也最普遍的问题是，经理给下属授权时没有赋予权力。对于管理者来说要完全相信下属的能力，首先要走出管理活动中经常出现的六大误区：

误区一：多疑，不相信下属能够尽职尽责。

误区二：多虑，担心自己对任务失去了控制。

误区三：自傲，认为什么事都离不开自己。

误区四：自负，认为自己能更快更好地完成任务。

误区五：权力欲，认为把工作授权给下属会减少自己的职权。

误区六：认为下达的任务已经让下属忙得不可开交，不忍心再赋予任务。

为了解决企业授权的信任危机，或授权后的信任问题，在培训中，最关键的一点是要让企业的老板们知道：授权一定有效！让他们确信授权是为了选拔人才、培养人才，大胆使用专业管理者来为企业创造新的、飞跃性的发展。

所谓有效是在于授权者有策略，既相信被授权者的品格与能力，又相

第七章
用人：简单的人际关系最轻松

信自己能够处理授权带来的所有问题和任何意外，归根结底，是对自己的信赖。授权并不是"推出去"，领导者只有在做工作时表现出更多的能力，才能让员工更尊重授权的价值。

不管是选用职业经理人，还是提拔企业内的高级管理者，都要以信任为第一要素。选聘人才的时候，首先不应该考虑的是这个人与自己的关系疏远问题。关系近则优先考虑，关系远则靠边排队。

不少经理随便把一项工作推给下属，自以为他们对工作的内容、可能出现的问题和工作要求一清二楚。这样做不仅收不到理想的效果，对员工也不公平。因为他也许需要了解更多情况，才能做好这项工作，也许他缺乏这方面的技术、能力或兴趣。授权前，应该了解他们是否掌握了足够的有关信息，要系统了解一下下属的个人优势、能力和兴趣，看他们是不是这个项目的最佳人选，是不是能完全胜任这个项目并能做好。然后再授权。

管理者授权要从全局角度出发。许多的管理者没有系统的授权计划，导致工作分配不当，往往因为分工太笼统，或同一方面的几项工作在责任上互相交叉，或授错了人，在几个人负责一项工作时，就很容易出问题。这就要求管理者要明确划分每个人的责任范围，确定各自的分工。

当然，不得不承认，在中国，授权这件事做起来可能并不像在西方国家那么容易。西方人希望被授权，因为它会培养独立的愿望。然而，中国的儒家学说奉行顺序和对职权的尊重。在"君臣父子"的传统思想的主导下，人们需要了解自己在社会中的位置，一切都要有顺序。

另外，很多管理者将授权简单地解释为"去做就好了"。因此，他们授权的人，在没有完全理解的情况下，所做的事情与公司政策或战略不符合，会为公司带来较大的混乱。

授权者首先要把他们期望雇员采取的独立行动、需要做什么工作提供总的方向，领导者还需要解释清楚——提问是可以的，偶尔犯一个错误也是可以的。如果雇员是因为尝试新的东西和创新而犯错误，是不会受到惩罚的。这是一个渐进的过程。领导者需要随时定期强化这样一个信息——

你希望员工独立工作,而不会过多地指导或干涉。

根据马斯洛的需求理论,自我实现、自我肯定都是对员工最有效的管理和激励。员工期望他们的领导者是最优秀的,同时也期望自己在做工作时表现出更多的能力,能被优秀的领导授予更多的权力和重要的工作。

通过多年的工作实践,我发现,能力最强的员工可能会由于某种原因而对授权感到更多的疑虑或困惑。中层的员工,正是那些雄心勃勃、渴望在公司中获得成功的人,可能是授权的最佳人选。

总之,有效授权不等于放权。并不是说将权力授给其他人后,授权者可以撒手不管或者对局面失去控制与把握。因此需要在授权的同时,有严格的监督机制,以检视权力运用情况,从而使授权更加有效。

想解决这个难题,首先要明确一点,放权不是形式上按照地域或按职能等进行划分,或者以是否设立了更多的子部门或管理层级别来区分,关键在于决策权是否充分下放。而后要建立合理的组织结构、制度、文化与监督机制,此时的分权其实更多的是分责与分工。像放风筝一样的放权,使其能充分应对市场竞争,但同时也必须要设置三条可以控制或把风筝拉回来的线。

首先是制度,它在组织管理中的重要性可以说是无法取代的,企业中,什么样的制度决定了什么样的企业发展结果,决定了什么样的企业未来。良性的分权必须先制订好制度框架,告诉组织成员,什么能做什么不能做,权利放到什么程度,标准是什么,底线是什么等。在分权上做到抓大放小,战略上规范,战术上灵活。

其次是文化,制度决定了一个组织或个人的最低行为底线,而文化则引导我们走向更高的标准。对于分权性组织而言,用文化与精神力量凝聚和管理团队是一个有效的方式。具有深厚优良文化的企业其核心凝聚力也非常强。针对性的文化建立包括企业的价值观、企业的使命、原则、长期目标等,让组织成员拥有责任感、使命感与归属感,从而降低分权带来的无法掌控的风险。

最后是监督,设立有效的监督机制,防微杜渐。再优秀的组织与个人也都需要监督，事前的监督比事后的追查要好得多，有效的监督机制可以使组织中的成员更加自律，从而形成风气，步入良性循环轨道。

企业管理不是紧紧地抓住不放，更非事必躬亲，而是有条有理地调动起大家的积极性。捆住了手脚，当然也就无活力可言。授权需要信赖与沟通，最重要的还是授权者的心态。通过有效授权，授权者将庞大的企业目标轻松地分解到不同人身上，同时将责任过渡给更多的人共同承担，让团队每一个职员更加有目标、更加负责任、更加投入、更有创造性地工作，产生"四两拨千斤"的巨大力量和"九牛爬坡，个个出力"的协作精神。

阅读感悟

_____
_____
_____
_____

第八章　留人：让企业变成第二个家

　　美国西雅图的华盛顿大学准备修建一座体育馆。消息传出，立刻引起了教授们的反对，校方于是顺从了教授们的意愿，取消了这项计划。教授们为什么会反对呢？原因是校方选定的位置是在校园的华盛顿湖畔，体育馆一旦建成，恰好挡住了从教职工餐厅窗户可以欣赏到的美丽湖光。为什么校方又会如此尊重教授们的意见呢？因为教授是大学的核心人才。

尊以爵，赡以物，则士来矣

"良禽择木而栖"是孔子在卫国时说过的话。当时卫灵公询问孔子关于作战布阵的事情，孔子立即回答："俎豆之事，则尝闻之矣；军旅之事未尝学也。"之后，孔子便催促学生们赶快离开卫国。学生们不知其故，于是孔子说道："鸟择木，无木择鸟。"此言后来演变为"良禽择木而栖，贤臣择主而侍"。孔子认为，君子遇事之时应看清在哪才能使自己的聪明才智得到最大限度地运用。

"良禽择木而栖，贤臣择主而侍。"从字面上来看，意思是将帅对待自己的部下，要委之以高位，封赏以钱财，这样就可以吸引有才德的人前来尽力。这句话向我们展示了选择正确的平台对于一个人事业发展的重要作用。在一个地方工作至少考虑到三点：一是能不能学到东西；二是有没有发展的机会；三是能不能提高收入。

这句话还可以理解为第二层意思：一是结合自身特点进行分析，做出合理的决策，若要"择木"你必先是一个"良禽"，否则一切无从谈起；二是"择木"的目的是为了更好地栖身，如果"良禽"一味地"择木"而不能在任何一棵树上"栖身"为自己蓄积能量，那么就等不到施展才华的一天，更谈不上长久的发展。

有人喜欢用诸葛亮《后出师表》中的两句话"鞠躬尽瘁，死而后已"来为其盖棺定论，认为诸葛亮一生操劳，甚至积劳成疾、抱恨归天，都是受累于刘备的知遇之恩。然而，与其说是诸葛亮感念于刘备的知遇之恩，从而自愿奉献了自己的一生，不如说这是诸葛亮对自己的人生道路进行自

第八章
留人：让企业变成第二个家

觉选择的一个结果。

正如周瑜面见鲁肃时所说："当今之世，非但君择臣，臣亦择君。"而"臣择君"则更需要胸襟和胆识、魄力和才华。诸葛亮应该说在选择刘备这件事上是十分慎重的。

出山以前的诸葛亮，虽然满腹经纶，抱负远大，但也不过是江夏的一介名士，要想实现人生的价值和理想，他就必须依附一个明君。但另一方面，道家文化的浸染又使他骨子里恃才自傲、敝屣富贵，始终保持着清醒的头脑、独立的意识，而调和他这双重人格的媒介，则是他的积蓄已久、独一无二的才华。从这一点来说，他和刘备是在相互利用。

纵观刘备"三顾茅庐"的整个过程，与其说是刘备在选择诸葛亮，不如说是诸葛亮在选择刘备；与其说是在表现刘备的求贤若渴，不如说是在表现诸葛亮的超逸绝伦。这个顾请之难，正是日后刘备尊重、信任诸葛亮，从而心甘情愿地赋予他重权的基础，也是君臣之间最终能够建立鱼水关系的前提，也从一定程度上保证了诸葛亮在与人君关系中的独立性，这是他得以放手施展奇谋和韬略的重要条件。

那么，诸葛亮为何要选择刘备呢？

其一，刘备海纳百川，胸怀宽广，具备了人君所必需的"仁义"品德，这迎合了诸葛亮儒家政治的心理需求和思想定位。

其二，刘备以卓雄之姿虎视天下，坚定不移，百折不挠，具有政治家的特质。

其三，刘备转战多年，足无立锥之地，急需经纶济世之才。

其四，刘备求贤若渴，能够屈尊求才。

再回过头来看现代社会，在我服务的一家百强企业里，业绩最突出的销售总监和公司签订了各项工作合约，按照规定他也拿到了相应的销售提成。

当他在财务会计那里拿完应得的销售提成的同时，向老板递上了一份辞职报告。老板非常惊讶："我该给的钱一分钱没少，说话是算数的啊，为什么会辞职呢？"

人往高处走,水往低处流。当老板问他为啥要离开公司时,这位业务人员回答他是:"我通过一年来独立地操作市场,我已经学到了丰富的销售与市场的管理经验,为公司销售了几百万元的产品,同时公司也给了我相应的报酬。但是,现在有一家我认为非常好的公司,要我去做经理,因为我现在完全可以独立操作了,我相信我会做得很好,因为那个公司非常有前程,而且薪金也比现在高,所以我选择辞职。并且,这段时期,我工作的辛劳至今没有得到任何一个上级或是我下属的精神安慰。"

一个对公司业务流程非常熟悉的业务人员离开对公司来说是个损失,可怕的是他手头有一批忠实可靠的客户也随他一起加入了竞争对手的行列。一位优秀的业务人员经过一年来市场一线的锻炼,对公司来说是个宝贵的人才资源。由于公司的管理失策,让其流失,为对手培训人才,这是管理者最愚蠢、也是最失败的。

如何才能留住优秀的业务人员呢?

很多人已经习惯了用马斯洛提出来的"需要层次理论"来解释员工的需要。其实,如果我们换一个角度来看待员工的需要问题,也许更接近真理、更加实用。我以为,员工在企业工作得是否安心或卖力,取决于企业能否或怎样地在满足员工以下四个方面的需要:物质待遇、事业理想、归属感、边际利益。

毫无疑问,金钱是排在第一位的,是人们生存的基本条件和工作动力,也是所有企业吸引人才、留住人才的"硬件"。越是有能力和销售经验的人员,他们期望获得报酬也越高。薪金是人才的价值,是业务人员发挥能力的物质动力。尽管薪金不是决定业务人员留与否的唯一因素,但是大部分人都认为工资越高越吸引人。因此,建立一个有奖有惩的薪资系统,留住优秀的业务人员,使企业的销售工作顺利地开展下去,才能让优秀的人才为企业作出更大的贡献。

企业是人才实现自我价值的乐土。对于一个企业来说,满足人才自我价值的实现,必须因人而异,根据每个人的特长、兴趣爱好、能力水平,帮助其选择最佳的工作岗位,使其感到找到了理想的表演舞台;针对人才

第八章
留人：让企业变成第二个家

的欲望，能力、潜质，帮助其拟定一个能体现企业和个人共同发展的发展规划，增强努力进取的内在动力；根据能力大小，提供相对应的岗位，并让其唱主角，最大限度发挥每个人的作用。

阅读感悟

_____
_____
_____
_____

接以理，励以义，则士死矣

要以礼相待，以信、诚来鼓励部下，这样部下就会以舍生忘死的决心投入战斗；要经常对部下施恩惠，赏罚时公平严明，一视同仁，这样就会赢得部下的信服、敬佩；要在作战中身先士卒，冲锋陷阵。

尊重，信任，言出必践，是企业管理者必须有的个人素养。

归属感是员工对自身所工作的企业一种综合感觉。如在该企业工作有无安全感、值不值得全身心地投入、有无荣誉感、是否被尊重、人际关系是否融洽、企业是否善待员工、企业能否长期发展、有无安全保障、可否长期保有工作等等。

从本质上讲，每一位员工都希望在有归属感的企业工作。当一个人感到他在一个企业工作没有归属感时，他必然会不安心、不投入，如果他感到完全没有归属感，而外面的诱因又足够强大时，他就可能辞职不干。

在2008年年底，我正准备回家陪父母过年，一个企业的老总打电话给我，说忙了整整一年，他很失败，从语气中就可以感受到他强烈的挫败感。

故事的起因呢，即是在年终结算，有位年轻的业务人员按原定计划，他可以拿到3万块钱的销售提成，这位业务人员美滋滋地盘算着，这下可热热闹闹地过个好年了。当他要求公司兑现时，却发现老板支支吾吾，一会儿说公司资金周转困难，一会儿说提成比例的百分点算错了，始终不愿马上兑现给这位年轻的业务人员。刚巧，在这时，公司有一笔货款要他去收，差不多也是3万块。这位业务员一不做二不休，把钱收了，拒而不

第八章
留人：让企业变成第二个家

交。于是，他和老板由原来的争吵，最后双双动起了拳头，并闹到了派出所。最后的情况可想而知，这位年轻的业务人员因私自侵吞公司的货款，按照有关法律条例，被法院判了有期徒刑，而这位说话不算话的老板，也让客户和他的员工纷纷远离，公司的生意一落千丈，很快就倒闭了。

真可谓，言而无信，两败俱伤。区区3万块钱，造成这样的后果实在是可惜。我很了解这家企业，作为老板，创立这家公司是非常不容易的。在现在的竞争如此激烈的市场情况下，每向前走一步都是很难的。但是，他错就错在他手下一个好的业务人员辛辛苦苦干了一年，业绩这么优秀，作为老板不但要给他应得的劳动报酬，还应当要再给予奖励。言而无信不仅失去了优秀的销售人才、忠实的员工，还失去了客户与市场，一败涂地是必然的结局。

尤其在企业的创业期，重人治、收人心、组团队是三大工作重点。创业时期的团队建设最重要的是人和，因为创业初期，核心产品、核心市场和企业目标都没有确立，一切都处于变动状态之中，创业团队可以抛出不同意见，但是如果一碰挫折就倒就散，团队分离，那企业一定无法成功。只有以诚相待，侠肝义胆的人才能聚在一起"为知己者死"。

拓展培训有一个项目叫"信任摔背"。一人站在高台上，背对大家往后倒下去，其他组员在台下用双手接住倒下的组员。"信任摔背"完成得好坏，关键在于他是否相信大家能够把他接住。他倒得越平稳，身体挺得越直，重量就会平均分散到下面组员的手上，接的人就越容易。反之，重量就会集中在两三个人的手上，反而不容易接好。这个项目训练的目的就是加强团队之间的信任，从对自己无法控制的局面，靠理智及对同伴的信任战胜恐惧，切身体验什么是"充分信任，相互依赖"。

下属对管理者的信任更多体现在执行力上，执行力和信任是紧密相连的，如果员工不相信你，怀疑你做的决定，在执行的时候就不会那么坚决，效果自然打折扣。

如何获得员工的信任？有三点：

首先，在专业上显示突出的能力。

其次，有比较长远的眼光，让员工觉得你有足够的能力带领大家朝一个正确的方向上走。

最后，有很好的沟通能力，从而让目标和计划能为大家所了解。

管理者也要给予下属一定的信任，领导和员工的职责应该界定清楚，领导不能老是一竿子插到底，要学会相信你的团队，相信你的员工能够把事情处理好。如果不相信下属的能力，什么事情都要亲力亲为，一方面，把大量的时间花在无谓的小事上，忽略了一些对部门或公司发展有重要意义的事情，捡了芝麻丢了西瓜；另一方面，主管不一定对所有的工作都很了解，有些工作不一定能做好，反而会事倍功半。

信任是很难获得的，也很容易被破坏，它需要长期耐心地呵护，需要上级做到言而有信。虽然获得信任需要花费很多的努力，但一旦得到大家的信任，在内部指令的执行上就会减少障碍，内部运行的效率也会大大提高。在不同的位置上需要承担的责任不同，要分清楚什么事情才是自己的职责。充分的信任才能带来合理的授权，大家才能够做好自己最应该做的事情。

阅读感悟

_____
_____
_____
_____

第八章
留人：让企业变成第二个家

赏识、认同员工的个性

现代人都有被尊重的需求，越是优秀的人才，个性往往越强。他们在业务上个个都是响当当的，所在领域的个人成就也往往无人可敌，但却因"个性"问题而明显瑜中见瑕：他们或通常忙于事业、无暇去搞人际关系而难被大家"认同"；或缺少人情世故、秉公直言而难以让领导"顺眼"；或牢骚满腹、长吁怀才不遇而被看做"刺头"；或不拘小节、特立独行而被视为"异类"。这样的人通常不合群，在组织内部协调共事方面存在缺陷，令许多企业经营者对其不喜欢，不爱用。对于这些所谓的"个性"人才，一些单位往往采取了一种以瑕掩瑜、以偏概全的"棒杀"态度。尽管在一定程度上也很欣赏他们的才华，但心底里大多把他们看做"难保不出事"的"危险人物"，对他们不敢用、不愿用，时时提防，处处算计，结果虽锉去了其个性棱角，却也抑制了其要强的天赋。

"金无足赤，人无完人"，既然世间没有十全十美的"完人"，当然也就不会有十全十美的"人才"。孔子曾言："无求备于一人。"鲁迅也说过："倘要完全的人，天下配活的人也就有限。"事实上，个性常常孕育着创造，越是"个性"十足的人才，他们在工作中往往就越有可能勇于创新、善于创新，从而创造性地打开工作局面，在关键时刻发挥"关键"作用。对于"个性"人才，只有善待其并接受其个性，才能充分发挥他们的才智；只有容忍其缺点，才能欣赏他们的特点；只有大胆使用才能大获裨益。

三国时期，曹操不论个性表现，唯才是举，独守半壁江山，并为统一

奠定了坚实的基础；刘备用人不拘小节，尽管地无一垄，房无片瓦，但却在群雄逐鹿中脱颖而出，成为三国后起之秀。诸如此类，不胜枚举。所以，企业的管理者应本着"不拘一格"、"容其所短，扬其所长"的用人理念。当然，"容其短"，并不意味着对其"个性"就可以一味地姑息迁就，在坚持原则的前提下，对"个性"人才更多地还应讲究方式，懂得珍惜，大胆使用，改其之过，扬其之长，使他们真正成为有用之才。

韩国的三星企业就十分注重吸纳"天才"，善用"个性"人才，敢用奇才、怪才。掌握"天才"或"天才级人才"是人才战略的首位。三星目前已拥有不少具有世界一流技术水平的"准天才"级人才和一大批企业首脑、技术专家和专业经营者，正是这些人才支撑起了三星的大厦。就连全球第一职业经理人的杰克·韦尔奇在参观完三星设在韩国的人力开发院之后也不禁感慨：三星已经走在了人才培养的前面。

中国的职场，有着太多的人情世故。很多老板喜欢恭维奉承，喜欢听下属说的而不是看下属做的；喜欢听话的庸才，而不喜欢有个性的人才；喜欢"报喜鸟"而不喜欢"老黄牛"。而这正是中国的很多企业平庸和短命的根本原因，当一个企业缺乏包容、缺乏赏识的时候，人才流失是必然的。

珍惜个性人才，不但要练就识才之慧眼，还要有容才的度量。更要学会用才之技艺。人各有长短，辩证法告诉我们，优点之中附缺陷，缺点之中藏优势。用好人才的"个性"，在于让其个性放在恰当的场合并得到充分发挥，在相反的时刻又得以适当收敛。纸上谈兵的赵括可以成为军事教育家，而去统兵打仗却要全军覆没。故而，对一般人来说，大才不能小用，小才不能大用。对个性人才而言，则要加上"此才不能彼用，彼才不能此用"。

还有一点，就是要尊重人才的职业个性。职业个性是什么？它是一种倾向和动力，是一种态度和行为方式，是一种智慧和能力。人才职业个性的状况不仅决定其职业生涯的进退与荣辱，而且还关系到公司事业的兴衰与成败。

第八章
留人：让企业变成第二个家

社会型职业个性人才具有三大优点：关心社会事务、喜欢对社会发展作预测、信息灵通。其不足之处是组织性、纪律性较差。社会型人才从小就体现出关心社会事务的优点，经常向家人讲述所见所闻，即使被父母责备"多管闲事"，也一如既往、热情非凡。在朋友的眼里，社会型人才往往是个吹大牛的人，大有"指点江山"的气概。在公司里，社会型人才往往被称为"消息灵通人士"，"通天人物"，但有时领导会责备这些人，因为屁股坐不牢，有时总是风风火火。在使用这类人才时，一定要委任以相当的职务，让他感觉自己在与别人交往时有一定的身份；然后要明确规定其职责，以免他由于接触广泛而不顾工作重点；最后，不要让他总是坐在办公室内，因为社会型的人才喜欢东奔西跑。具有这种职业个性的人才往往是决策者最好的参谋者，大多数适宜于从事心理、咨询、培训、公关、管理等工作。

创新型人才的优点是：勇于开拓、喜欢冒险。其缺点是充满自傲，自说自话。一旦形成个性，难免举止言行中，流露出自傲的风格。冒险者敢于在强手如林的竞争中，不顾对手的猛烈进攻，充分发挥自己的优势。身为这类人才的主管，在使用问题上不要求全责备。知识创新和技术创新人才一般成才较早，用之可不拘年资；而文化创新和制度创新人才一般成才较晚，用之则要不拘年高。

具有研究型职业个性的人才在专业内，其知识技能是超人数等，对于专业外的知识却知之甚少。他在工作的时候，对周围的事情可以达到视而不见，听而不闻。在使用这类人才时，首先不要把他作为管理者，让他去管理别人只能是勉为其难；然后主管要主动地、热情地去关心他，因为研究型人才往往不善于与领导交往，不懂人情世故，管理者要为这类人才创造一个宜于开展研究的办公环境。一旦有了静心研究的条件，其成果自然瓜熟蒂落，受益最大的还是企业。

我的营销团队中有一个区域经理，有理想、有激情，是个典型的开拓型人才，我欣赏的是他进公司一年来几乎没有和我要求过待遇与职务提升的问题，但我却给他在一年之中连升两级，这在整个队伍中是唯一的。他

可以为了开拓市场而没日没夜地奔波,他可以为了增加业绩而不计差旅费用是否超标。但他有些地方是我很讨厌的:经常不修边幅;会议发言常口无遮拦,说到底就是个性太直。没办法,作为领导我在加强这种人才的引导的同时必须学会"大腹能容"。

阅读感悟

_____
_____
_____

第八章
留人：让企业变成第二个家

为精英人才规划职业生涯

清香阁大连海鲜公司是我服务的一家海鲜餐饮企业，他们的海鲜是我见过的最有特色的一家，在北京有6家店，将近1000多名员工，企业本身经营得很好，但是在不断壮大的过程中企业出现了一些问题：第一，人员流动性很大；第二，团队绩效不明确；第三，员工积极性差；这是阻碍企业发展的最明显的几个问题。后来他们请我做他们的顾问，当我了解了这些情况后，通过对企业做出整体的调研后，我觉得最根本的问题首先是解决人的问题，这也是我做顾问一贯的手法，任何事情执行不到位一定是人的心态是第一位。于是我先对所有员工进行一次心态培训，当员工发现自己可以在自己岗位上创业的时候，我又给他们开始建立会议导入模式，目的是通过会议模式的建立让每个部门之间建立信赖感，同时让每个人保持良好的激情，并养成一种习惯，所以一直每个人都保持很好的状态。当这些具备以后，又开始给他们制订绩效考核，而且一定要做到循序渐进，一步一步地导入，突然这时候发现很多人对制订的很多绩效都很接受。当事情没有做到的时候员工都先总结自己的原因。一直到现在，清香阁我还一直在服务，现在很多问题得到了解决。在这个过程中企业的内在核心竞争力得到了提升，加上良好的用餐环境和菜品的特色，甚至很多人纷纷找到这家企业要求加盟，而且它们的第七家直营店马上开业了。通过这个企业我要告诉大家，要想真正改变企业现状，首先员工心态是第一位，当然企业老板是否有决心敢于做决定，同时团队的凝聚力是企业发展真正的核心竞争力。

团队革命 TUANDUI GEMING

在我与清香阁老总交流中,谈得最多的是如何留住人才的问题。应该说,一个企业之所以成功最核心的因素就是能够建立一支有竞争力的、稳定的团队,而这也恰恰就是很多企业正在苦恼的难题,越是小的企业,销售人员的稳定性就越差。在人才的引进问题上,他们思虑最多的就是:"经过千挑万选的优秀人才,为什么却没有发挥出应有的作用?为什么有能力的人不愿意继续留下来?培养出来的精英们老是跳槽?有没有引进人才、留住人才的好方法呢?"

以销售精英为例,销售人才真正掌握了市场人脉,也就是渠道中最为关键的人的因素。销售人员的稳定与忠诚度差,是正在发展中的中小企业最为头疼的问题。

在调查中,有个戏剧性的现象,不仅仅是这些老总们觉得困扰,许多企业的精英们也都感到委屈和无奈:"为企业创造效益时,老板就笑脸相迎;一旦效益滑坡,老板的脸就会拉长,像长白山一样。我们心里也不是滋味。"这种现象恰恰反映出,许多企业为了完成销量,占据更大的市场份额,对销售人员的需求、管理和规划过于着重眼前利益。

我们的企业老是犯这样的错误:

错误一:招来一批学历高,经验丰富的员工,结果又没有相应的岗位给他们发挥能力。企业应该根据实际岗位需求进行招聘,不是是人才就要,要来又用不好,最后消极怠工,企业和员工都不满意。

错误二:只要薪水丰厚,就高枕无忧。尽管在薪水的竞争方面没有什么不同,但那些能够提供福利和培训等项目的公司在招聘时更能占据有利地位,吸引到精英人物。多年的经验告诉我,报酬并不是精英人才在寻找雇主时所考虑的首要问题。

错误三:企业的效益好时激励政策的随意性也大,企业主凭借自己的感觉发放奖金,没有公平公开的绩效考核标准,结果有的员工拿到奖金非但没有荣誉感,还不断怀疑自己拿得够不够多?反过来,一旦效益下滑,连过年的一点小礼物都没有,搞得员工怨声载道,抱怨老板过于吝啬。企业的这种做法就是典型的以利益驱动来作为调节杠杆。企业对于短期利润

第八章
留人：让企业变成第二个家

的苛刻追求，往往让这些业务精英们苦不堪言，只好另谋出路，甚至会为你的竞争对手卖命。随着市场竞争势态的进一步加剧，势必导致企业先期所构筑的市场竞争优势也会逐步丧失殆尽。

错误四：以销售为导向，在人员激励方面主要有以下的形式：制定销售目标奖励制度、建立销售业绩奖金标准以及一系列的利益驱动型的激励政策。因此这样的激励手段都显得生硬有余、亲情不足。只有让员工有"同舟共济、士为知己者死"的感觉，才能进一步增加对企业的认同感。

错误五：对人员的安排与调配主要由企业领导的喜好与意愿而决定，缺乏科学性的指导与分析来作为依据。同时，对企业整体销售管理体系中的相关岗位的职责、职能认识不清，在办理具体事情中不知道该由谁说了算，都怕担责任，互相搪塞。别说导致了效率下降，还伤了销售一线员工的心，加大了企业内耗。

错误六：很多公司都认为精英人才难找难留，在遇到管理问题的时候，总是寄希望于从外部挖掘"空降兵"，而忽视了在企业内部筛选合适的人才，造成"招来女婿气走儿"的局面，同时也引发了原有团队针对外来新鲜力量的排挤。其实，他们忽略了身边已经拥有的人才宝藏。精英人才不是找回来的，而是公司培养出来的，而且内部培养的人才更加适合本公司的发展，因为他更了解公司，配合更加默契。

如今已不再是雇主市场，顶尖的营销人才可能瞬间被挖走，也许是因为薪酬，也许是因为发展空间，甚至仅仅因为与某一个业务员合不来。面临过精英短缺的状况，企业的高层们必须为招募和留住有能力的业务员付出更多的努力。

毋庸置疑，人人都有"得到认同、并实现自己理想"的愿望，销售精英们更是有强烈的事业发展欲望，所有精英业务员都在不断追求成长和进步的机会，无论他们是在寻求晋升的阶梯还是在安于原位、默默奉献，内部晋升毫无疑问是倍受鼓励的，并且能够获得更多的发展机会。他们会为努力取得的工作成果感到兴奋并期待获得回报，他们很想通过一个合适的

平台来实现自己的理想的。那么，企业就要尽可能地为员工职业生涯的发展提供帮助，企业不仅要为员工提供就业的场所，为员工提供公平竞争的环境，提高员工的福利待遇，还要根据每个员工的职业规划给予不同的知识、技能培训，为员工提供更多的晋升机会，想办法创造新的平台为精英们提供在其能力增长后发挥的舞台，从而避免他们在"打工者"与"主人翁"之间摇摆不定。

在我们公司，所有的部门经理都是在基层员工之中选拔的。职位的提升给予了大家一种无形的吸引力，已经不是薪水那么简单了。谁都想得到一个做领导的机会，只要他们的人品和能力达到了可以带领团队的水平，我们就给予他们这个机会。我们对提供职员职业成长和学习的机会非常重视，并将其视为留住业务员的一项法宝。

此外，要达到忠诚的目标，仅有报酬是不够的。在任何环境中，人们都需要得到尊重和具有归属感。我会开诚布公地告诉我的员工们我对他们的期望，以及他们可以达到的水平和高度，更会在恰当的时候提醒他们如何才能保持或提高业绩，这可以通过关心他们生活中的各个方面，建立他们对于公司的认同感和归属感。每一个新成员的加入，都会有老员工帮助他们了解公司内部文化，我们必须营造这种有诱惑力的企业文化，让他们感觉除此之外没有更好的选择，而他们也一定会在我们共同的努力下做得更好。

我的故乡在河北沧州，它是知名的杂技之乡、金丝小枣之乡、武术之乡。我经常跟我的团队讲，我也身怀绝技，就是海灯法师的绝技———一指禅。不同的是海灯法师的武功是伤人的，而我的一指禅是赞美人的。竖起我的大拇指对我的团队展现我对他们的赏识、赞美，这绝对是打开员工心灵的一把金钥匙。每一个员工都有自己的长处和优点，并且盼望别人尤其是管理者的肯定和赞赏。对于管理者的眼睛来说，不是缺少闪光点，而是缺乏发现精神。有的员工善于学习，有的又勤于思考；有的理论水平高，有的又实践操作技能强；有的手脚快产量高，有的心细手巧产品质量好。即便是那些在别人眼中认为表现差的员工，在他们身上也同样有很多闪光

第八章
留人：让企业变成第二个家

点。如敢于说真话，敢于提意见，乐于助人为乐等，只要留心，就一定会找到赞赏的理由。

大家熟知的巴顿将军，曾因脾气暴躁而很少有人理他。

在1915年美国与墨西哥爆发的战争中，美军指挥官潘兴将军却因巴顿英勇善战而时常夸奖他，这让巴顿深受感动并暗下决心，一定要屡立战功来报答潘兴将军对自己的欣赏和喜爱。

一次，巴顿奉命带领15名士兵去驻地附近的农村收购玉米，不料途中遭遇50多名土匪的袭击，他临危不惧，沉着指挥，击毙了匪首，率领士兵成功撤退。这本是一次很平常的遭遇战，但因被击毙的匪首是赫赫有名的大土匪卡德纳斯，潘兴将军便以此为由，在全军通令嘉奖巴顿，而且还请来了新闻记者给他拍照登报，让他成了美国各大报纸轰动一时新闻人物和民族英雄。此后，巴顿作战愈加骁勇，终于成长为美国著名的高级将领。

从这个故事中我们不难看出，找个理由及时地给予自己的下属予以赞赏，让他们得到荣誉感，在他们事业的成长和成功上具有何等重要的作用。在对员工激励的各种手段中，排在第一位的并不是高薪、高奖金，而是上司对自己工作成就的认可度。组织行为学研究认为，最有效的激励来自每个人的内心，因此善于运用赞赏激励的办法是增强管理工作感染力的有效载体。要使你的员工发展得更好，管理者就应该给员工传递积极的希望。

我作为浙江富达集团的顾问，从高管到基层员工，所有人都定期参加我的培训，在我们共同的努力下，富达集团的团队凝聚力、员工责任心、敬业精神均发生了翻天覆地的变化，真正成为一家学习型的企业。经过一个阶段的培训，这个严重阻碍了企业发展的人才问题迎刃而解。

阅读感悟

第三部分

团队无敌——打造团队核心竞争力

第九章　打造团队吸引力

众所周知，微软公司使数以百计的雇员成了百万富翁。可是，鲜为人知的是，他们中许多人在取得了经济独立之后，却仍继续留在微软工作。大多数人认为，发财就等于取得了辞职的资格证书。但事实证明，微软公司的百万富翁们并不那样认为。微软为何能让百万富翁为它打工？因为微软有一种独特的团队吸引力，可以让百万富翁级的员工获得满足。如何使你的团队具有如此吸引力呢？

复制同一个价值观

要打造一支优秀的企业团队，需要团队形成共有的价值观。对管理者来讲，整合价值观尤为重要，我们管理者要对团队价值观进行整合，使之成为团队成员共同价值观，只有有了团队共同的价值观，团队成员才有了为之努力的一切方向。

一天，梭子鱼、虾和天鹅在一起，想把一辆小车从大路上拖下来。三个家伙一起负起沉重的担子，用足狠劲，身上的青筋根根暴露。可奇怪的是，无论它们怎样用尽全力地拖啊、拉啊、推啊，小车还是在老地方，一码也没有移动。倒不是小车重得动不了，原来是另有缘故：天鹅使劲儿向天空直提，虾一步步向后倒拖，梭子鱼又朝着池塘拉去。

梭子鱼、虾和天鹅之所以拉不动小车，就因为它们有不同的方向和目标，形不成合力，作为一个团体来说也是如此。一个优秀的团队，必然是建立在相同的奋斗目标，相同的价值取向上。团队向心力和凝聚力的形成，来源于共同的目标。

"一根木头难成排，一根稻草难捆柴。"个人的力量永远难以抗衡团队的能量，就像一棵树，不管它多么高大，也经不起风雨飘摇。众树成森，众志成城，唯有团队才能战胜一切。

团队和谐是企业集体主义的主要体现，和睦相处、同舟共济等观念，都是一个企业追求的理想状态。一个企业各部门之间的关系就是"互相拆台，最终倒台；互相捧台，好戏连台"。

一个团结、积极、向上、健康的团队，内部推崇平等、信任、共勉，

第九章
打造团队吸引力

强调部门之间识大体、顾大局、求大同、存小异，营造和乐融融的工作氛围和人际关系，构建起目标同向、负重领先、默契信任、风险共担的团队精神。

企业不应当崇拜个人英雄主义，而应该想办法让每位员工都把个人的工作和行为融入团队运作中，即个人的利益服从整体的利益，自觉克服、纠正与团队目标背离的行为。

团队的共同价值观，就是一个团队共同的使命，也是所有员工共同的梦想，是所有人共同的理念，是企业在每个人内心种植的内在需要，是每个人愿意为之奋斗的目标。

重义轻利，重大家、轻小家的价值观在五千年的历史演进中成为支撑中国传统文化的脊梁，使中华民族多少次面临重大危机时转危为安。企业的核心价值观通常在经营过程中，是全体员工都必须信奉的信条。核心价值观是企业哲学的重要组成部分，它是解决企业在发展中如何处理内外矛盾的一系列准则，如企业对市场、对客户、对员工等的看法或态度，它是企业表明企业如何生存的主张。

企业的核心价值观是企业家在企业经营过程中身体力行并坚守的理念，是企业最根本、最持久的一整套原则。它既不能被混淆于特定企业文化或经营实务，也不可以向企业的财务收益和短期目标妥协。它深深根植于企业内部，没有时空限制地引领企业进行一切经营活动的指导性原则。企业要想基业长青，也必须要有自己的核心价值观。要明确地告诉每一个员工，企业提倡的是什么？反对的什么？我们企业发展的目标是什么？我们的目标有什么意义？

对于企业来说，有意义的目标和没有意义的目标，唯一的差别是，有意义的目标可以引起团队成员的热情、耐心及接受挑战的意愿。这里包括两部分，一部分是个人的愿景，还有一部分是企业共同的愿景。只有个人愿望是不够的，还要有一个共同的愿望，一起进行深入思考，最后才能建立起团队的共同愿景。只有企业的共同愿景与所有团队成员自己感情和个人利益的联系，才能真正地把团队中每个人自己的愿景和企业共同愿景结

合在一起。同时，核心价值观必须是真正影响企业运作的精神准则，是经得起时间考验的，因此它一旦确定下来就不会轻易改变。只有这样才能使企业形成更加强大的战斗力，克服一切困难。

从某种角度上说，建立一个共同愿景，建立明确的目标的过程，其实就是进行团队成员间讨论和交流的过程，这个过程就是人与人之间进行互动，真诚地和对方交流自己的想法。在团队中建立起共同愿景，这是提高团队凝聚力的最佳途径。

说到这里，我想起了一个故事：

俄罗斯古代有一个帝王，叫亚历山大。这是世界上一个很能干、很有名的皇帝。他为振兴他的国家投入了自己全部的青春活力。有一年，亚历山大决定带兵远征波斯。出发前，他下令把他的财产分给臣下。臣子们都不理解，感到奇怪。有一个叫庇尔狄迦斯的大臣问道："陛下把财产都分了，那您带什么出发呢？"亚历山大回答说："我只有一个财宝，那就是希望！"庇尔狄迦斯听了说道："那么请允许我们也来分享它吧。"于是，许多臣子都谢绝了分给自己的财产。结果，他的这次带着"希望"的远征取得了很大成功，使俄罗斯成为一代强盛的帝国。

企业的总裁就是这一共同目标的设计师和牧师。人是活在希望当中的，人是有思想的动物，而且是思维极其复杂的动物。人的行动，都是由思想来支配的。思想决定人的生活走向，思想帮助人作出正确或错误的选择。思想中有了目标，人就会朝着这个目标奋进。而这个目标就是人生存的希望，这个希望哪怕是梦，是理想，或是幻想，都会给人带来动力。而我们的管理者就是这个希望的设计师，要想不断地把企业的核心价值观传递下去，我们的管理者就要像一位传播希望的牧师，把价值观层层复制、延伸下去。

综观世界知名大企业的发展历程，尽管它们的核心价值观表述不尽相同，但无不闪现出这五大核心价值观：以人为本、用户至上、不断创新、竞争进取、质量兴企。它们是企业最具价值的无形资产，并且在不断地创造新的价值。企业核心价值观是企业文化的动力之源，其能量渗透到企业的目标、战略、政策、日常管理及一切活动中,反映到每个部门、每个职工、每个产品上,也辐射到企业的外部。通用电气的核心理念是"以科技及创新改善生活品质,在对顾客、员工、社会与股东的责任之间求取相互依赖的平衡。"

企业核心价值观能焕发全体员工的责任感、荣誉感、工作热情和创新精神,由表及里地约束、引导和激励着全体员工的行为乃至整个企业的行为,形成企业文化的力量,给企业带来巨大的收益。随着社会的发展,只有与时俱进,不断构建适应时代需要的新的企业核心价值观,才能为企业带来长久的竞争优势,使企业在日益复杂多变,竞争激烈的国际经济环境下立于不败之地。

阅读感悟

_____
_____
_____
_____

卓越的领导力眼光和气度

企业家的气度是一种看不见但感受得到的特质，比方像胸襟、雍容大度就是形容这种特质。我想，气度包含了正直、无私、谦虚、不害羞，而且是待人宽厚、懂得尊重、愿意听不同的意见，并不拘泥于意识形态等。

牛根生说："倾财足以聚人，量宽足以带人，身先足以率人，律己足以服人。"作为一个企业的领导人，至少需要具备三个主要的素质：第一个是眼光和眼界，能看到多远，看不到的地方一定走不到；第二个是胸襟，是否有包容人和事的能力；第三个是舍得，知道要什么，放弃什么。

我们常说：企业家思维的高度，决定了事业的高度；企业家心胸的宽度，决定了事业的宽度；企业家领导者的风格，决定了企业的风格。

领导地位所体现的不仅仅是一种权力，更是一种气度、眼光、判断力和决策力，以及个人的人品人格。他强调说，不是地位创造了领导者，而是领导者打造了一种地位。因此，不能把领导的位置变成一种个人膨胀的诱因，要学会正视自己的位置。一个好的领导只要不丧失自己对于公司、团队的影响力，那么其实他处于哪个职位并不是那么绝对至关紧要的。领导者要学会放下自己的架子，正确看待财富、名气、地位的态度。而管理者不只是通过明示自己的权力来命令别人做事情，这样只起到了分配任务、实施计划的作用，更为重要的是用个人的能力和魅力去打动别人、影响别人。

我把领导风格分为四种境界：

辱字型领导人：对于企业的管理者而言，原则性是第一位的。管理首

第九章
打造团队吸引力

要任务是建立营销管理制度，依法管理，依制度管理。企业管理最可怕的不是没有制度，而是制度没有权威性。有制度而不能有效执行或有制度不执行，比没有制度对企业管理的危害更大。不能想到哪就管到哪，想怎么管就怎么管，这是管理之大忌。

畏字型领导人：有威信，他们注重保持与群众的密切联系，注重树立良好的自身形象，炼就高尚的人格力量，形成独特的领导风格。做事说一不二、雷厉风行，公私分明，不务虚华、锐意进取，敢为人先。

敬字型领导人：常言道只有你尊重别人，别人才会尊重你。企业要想受到尊敬，必然要塑造自己在社会上的正面形象，需要一定的"塑形"费用。比如，维护消费者和员工的权益要投入更多的精力和资金，履行企业的社会责任要做出比别人更多的奉献。海尔集团首席执行官张瑞敏无须时刻都对员工灌输敬业奉献的精神，被评选为"中国最受尊敬企业家"。

太上型领导人：团队不需要指挥就会自主运营很好，领导人要学会培养准领导人，要学会借力使力。充分放权让企业的各级管理人员发挥潜力，拼命去干，使这些各阶层的管理者不仅感觉得到受到了重视、重用，而且还使管理者认为自己博取了很高的信任。就像万科仅仅在宏观上进行控制，就能保持企业的良性化发展与运作。

反观很多失败的领导人，没有领导威信与管理者应有的权威，无法真正胜任管理者职位。既受到上级领导或老板的指责或羞辱，而且还不时地受一些下属的气，像风箱里的耗子，两头受气，甚至受辱。也有的管理者一味地追求自己的威信，管理方式简单粗暴，总是一副高高在上的面孔，在面对下属时总是一脸的严肃相。安排工作也总是让下属不能摸清他们在想什么，使得下属时时处处表现得谨慎小心。试想，一个跷着二郎腿吆喝员工干这干那，自己都不能遵守某项规章制度，怎么能指望他的员工会有绝对的执行力呢？

道莫大于无为，大象无形，高明的领导者善于淡化自我，更不会将自己"神化"。管理者仅仅依靠自己的领导地位绝不能获取员工真正的爱戴，必须还要依靠它的素质、能力和德行。

我讲过一个佛塔里老鼠的故事。

一只四处漂泊的老鼠在佛塔顶上安了家。佛塔里的生活实在是幸福极了，它既可以在各层之间随意穿越，又可以享受到丰富的供品。它甚至还享有别人所无法想象的特权，那些不为人知的秘籍，它可以随意咀嚼；人们不敢正视的佛像，它可以自由攀爬，兴起之时，甚至还可以在佛像头上留些排泄物。

每当善男信女们烧香叩头的时候，这只老鼠总是看着那令人陶醉的烟气，慢慢升起，它猛抽着鼻子，心中暗笑："可笑的人类，膝盖竟然这样柔软，说跪就跪下了！"

有一天，一只饿极了的野猫闯了进来，它一把将老鼠抓住。

"你不能吃我！你应该向我跪拜！我代表着佛！"这位高贵的俘虏抗议道。"人们向你跪拜，只是因为你所占的位置，不是因为你！"野猫讥讽道，然后，它像吃一个汉堡那样把老鼠吞进了肚子里。

从这个故事中我们可以看出，管理者身处的职务为其带来的职权自然影响着员工对他的认可度，这种职务的影响力常常体现在员工的服从性上，有时即使员工有不同的意见，也会在表面上认可领导的想法。员工的个人想法让位于领导，但在心理会有所保留。就像佛塔上的老鼠那样，人们向他顶礼膜拜是因为它所占据的位置而不是自我魅力产生的影响。而在职位优势之外，真正可以对员工产生影响的是领导的个人魅力、丰富的工作经验、精益求精的工作态度等。由此建立起的权威性，才是使员工心悦诚服、更主动自觉地完成工作的主要动力。

领导者是指带领和引导组织向同一方向前进的人，不仅是企业的决策人，也是企业的精神向导。一言一行都领导和决定着公司的走向，维系着整个企业的兴衰。

办好一个企业，首先要选好和配备好各级领导，这是决定企业能否成功的一半因素。配备领导班子，要特别注意能力、经验、性格、气质、年龄等诸多方面的优势互补，同时作为企业的领导者一定要注意协调。企业管理，内容繁多。但不论何种管理，都把人事管理放在首位。知人的目的是用人，用人的前提是知人。知人是企业管理中的头等大事。

　　对于人才，应该两分法地看待，既看到其优点又明晓其不足，择其大者，看到人才优秀的方面，看到其给企业所带来的大的方面的效益，而不是小的细节方面，才能真正提高他的积极性，从而为企业带来更大的效益。因为品质是隐藏在人内心深处的东西，对人才需要留心观察和培养。

　　管理工作在很大程度上要身体力行，只有管理者懂得如何在自己的工作中做到卓有成效，才会给其他人树立高效的榜样。要做到工作卓有成效、高度权威，仅靠天资聪明或知识渊博是不够的。

　　作为领导者，必须懂业务，否则会在员工中失信。有的领导不懂业务，瞎指挥，手下不服，还要强制管、压业务精英，使得员工抱怨：在这样的领导手下工作真是一种痛苦。外行领导内行是下属的不幸。

　　《弟子规》中所提到的"君、亲、师"，是对领导者的基本要求。作为一个领导者，不仅要有能力带队伍，还要把员工作为自己的家人来对待，更要能够成为一个良师，指导并且帮助下属成长。

阅读感悟

_____

_____

_____

_____

凝聚力是团队精神的最高境界

释迦牟尼曾问他的弟子:"一滴水怎样才能不干涸?"弟子们面面相觑,无人回答,释迦牟尼说"把它放到大海里去"。一个人再完美,也就是一滴水;一个团队,一个优秀的、完美的团队才是大海。

古人云:人心齐,泰山移。"团结就是力量",在面向市场经济转轨和国际竞争的大背景下,弘扬团队精神对于建设一个企业具有重要意义。唯有建立健全的团队,企业才能立于不败之地。团队的一大特色就是团队成员在才能上是互补的,完成目标任务的保证就在于发挥每个人的特长,并注重流程,使之产生协同效应。团队的凝聚力就是从松散的个人集合走向团队最重要的标志。

大雁的团队意识是最强的。据说,如果有一只大雁感觉自己落在队形外面,就会努力地回到队伍中来,不会让自己掉队。

大雁们的共同的目标就是要飞到温暖的南国,所有的大雁都会朝着这个目标飞翔。大雁队伍的领导工作是由其群体共同分担的。开始会有一只比较大胆的大雁出来整队,一旦这只带头雁疲倦时,它便会自动后退到队伍之中,然后几乎是在难以察觉的情况下,另一只大雁马上替补领导的位置。在队伍中,每只大雁都会本能地拍动翅膀,实际上是为跟随其后的同伴创造有利的上升气流,如果每只大雁都拍动翅膀,就可使整个队形的飞行效率提高75%。而队形后面的大雁会不断发出鸣叫,其目的是为了给前方的伙伴打气鼓励。如果有一只大雁不幸受伤或者生病了,就会有两三只大雁脱离队形,靠近这只不幸的同伴,协助它降落到地面,它们会一直等

第九章
打造团队吸引力

到这只大雁能够重回群体，或直到其不幸死亡后，它们才离开。

团队的核心是共同奉献。团队合作往往能激发出不可思议的潜力，集体协作干出的成果往往能超过成员个人业绩的总和。正所谓"同心山成玉，协力土变金。"红军长征胜利是中国革命史上，乃至世界军事史上的一次奇迹。创造这个奇迹的红军战士和整支红军队伍就是有一个为天下所有贫苦人民打天下的共同目标。而且他们都不畏艰险，相互帮助、共同合作充分发挥了团队合作的力量。

一个真正的团队，必须是每个人"有求于"其他人，并且能够"贡献于"其他人。也就是说，团队成员"要有配合"，形成"谁也离不开谁"的凝聚力。

我在给一家企业做培训的时候，我问在座中层领导："什么是团队？"有人回答说是很多人组成的集体。我又问："一个由6名主攻手组成的排球队是不是一个团队？"大多数经理沉默了。他们的表情告诉我：他们带领营销团队可能就是这样的团队。而所谓的团队管理只是把一群人强行"集合"在一起管理而已。

很多的企业都有这样的现象，每个人都只关心自己的工作目标，在平时的工作中在自己的区域市场内做自己的事，彼此基本没有联系，也没有分工协作。除了部门开会以外平时没有团队的感觉。

想象一下，如果在一场篮球比赛中，只有进攻没有防守的队伍会是最后胜利的一方吗？如果在一个排球队内，6名成员都是主攻，会完成团队目标吗？就算是把各个地方队最优秀的主攻手都集合到一起，也很难战胜一只有分工、有协作的三流球队。

很多企业的管理者的梦想就是打造一支强大的队伍，要求每个队员都精明能干，结果花了很长时间组建的团队，没过多久就因为内部矛盾而解散。在一个团队中，可以有三个各有所长的臭皮匠，但却无法容纳两个聪明绝顶、各有主意的诸葛亮。臭皮匠之间可以发挥各自的优势、相互宽容，相互补充，两个诸葛亮却会因为彼此都有自己的主见互不妥协。那么如果一个诸葛亮领导三个臭皮匠，则会在最短的时间内，做出最正确

的决策。

良好的工作氛围可以最大限度地营造通力合作的空间，优秀的团队不是简单的精英组合，不能够依靠简单的个人英雄主义，是靠团队成员共同努力达到目标的实现，所以在这个团队里，一定要有共同的协调配合，在团队成员间应该有这样的工作氛围。互相宽容，互相信任，互相帮助，只有在这样的工作氛围里，团队成员对团队才会有强烈的归属感，只有这样我们才能够全身心地投入工作，以使团队形成凝聚力，达到团队效率最大化。

彼此的信任是高素质团队的起点，能制约和推动团队的发展。团队能不能飞跃，首先看在团队中能不能建立起相互的信任。从个人关系中不难知道，信任是脆弱的，它需要很长时间才能建立起来，却又极容易被破坏，破坏之后要恢复又非常困难。

要维持一种信任关系就需要团队成员的精心呵护和有效的沟通。对一个团队来说，要使其良性运作，团队成员与领导者应共同努力实现相互之间的沟通，有效沟通是团队存在和发展的基础。只有真诚以待，信息共享，所有的团队成员才能充分挖掘自己的潜力，发挥自己的聪明才智，打造出团队独特的竞争优势。

阅读感悟

_____

_____

_____

第十章　打造企业软实力

数十年来,哈佛商学院一直在研究影响美国企业发展的重要因素是什么?于是对美国22个行业中挑选出来的207家公司进行了调查研究,哈佛的研究人员得出两个结论:

第一,企业文化对企业的长期经营业绩具有重大作用;

第二,企业文化在下一个十年内很可能成为决定企业兴衰的关键性因素。

同心圆——文化是环环相扣的

如今，企业文化对于培育企业核心竞争力的重要性已经越来越被我国的企业所重视，我国的一些大企业也都在努力塑造适合自身发展的企业文化。目前，人们对海尔"零缺陷"、"真诚到永远"、"赛马不相马"、"客户满意"等海尔文化已耳熟能详。海尔文化贯穿于企业的每一个环节，其质量宗旨为高标准、精细化、零缺陷；售后服务永远坚持"用户是衣食父母"、"用户永远是对的"、"海尔真诚到永远"、"国际星级服务"等原则。仅仅从文化上，我们就可以理解为什么海尔能在16年的时间中保持平均82.8%的增长速度。"海尔文化"是海尔核心竞争力的重要组成部分，正是企业文化这把利剑指挥着海尔在激烈的市场竞争中始终保持着竞争优势。

我服务过一家餐饮企业，叫黄记煌，它是一家在全国拥有200多家连锁店的企业，这家企业突破了中国餐饮行业的一个先例。中国餐饮之所以不能和麦当劳、肯德基竞争，其中一个很难突破的原因就是菜品的复制性，但是这家企业的老板黄耕通过多年的研究解决了这个问题，他打造的黄记煌的特点是"三无"，无厨师、无厨房、无油烟。就是因为这个特点让黄记煌在中国很多地区都开了分店。但是，在迅速壮大的过程中，企业内部团队的心态和归宿感出现了问题，所以黄耕先生聘请我们为黄记煌的顾问，同样通过对员工一段时间的调整和工厂的现场管理企业得到了翻天覆地的变化。到现在这个企业通过内部调整和外在的形象打造更加快速地发展，建立了企业更牢固的根基。

第十章
打造企业软实力

企业文化是个看不见、摸不着的东西，不少人都感觉"虚"，不知道企业文化建设从哪入手，建设企业文化的重点又在哪里。很多企业把企业文化建设与CIS混为一谈，口号标语满天飞，但企业的文化建设却总是不入门，根本无法提高员工的凝聚力和归属感，无法提升管理水平。

企业文化建设的关键在于要让文化经历从理念到行动、从抽象到具体、从口头到书面的过程，要得到员工的理解和认同，最终转化为员工的日常工作行为。

很多人把企业文化认为是老板文化、高层文化，这是片面的。企业文化不是某个人的一己之见，而是整个企业的价值观和行为方式，只有得到大家认同的企业文化，才是有价值的企业文化。

要得到大家的认同，首先要征求大家的意见。企业高层管理者应该创造各种机会让全体员工参与进来，共同探讨公司的文化，从企业日常管理的点点滴滴一层层提炼出来。

什么是企业文化？企业文化是指企业在实践中，逐步形成的为全体员工所认同、遵守、带有本企业特色的价值观念、经营准则、经营作风、企业精神、道德规范、发展目标的总和，是企业群体、员工群体信奉践行的价值理念。

美国学者弗兰西斯说："你能用钱买到一个人的时间，你能用钱买到劳动，但你不能用钱买到热情，你不能用钱买到主动，你不能用钱买到一个人对事业的追求。而这一切，都可以通过企业文化而争取到。"企业文化不仅强化了传统管理的一些功能，而且还具有很多传统管理不能替代的功能，如导向、凝聚、激励、规范等功能，通过这些功能的发挥，可以直接或间接地提升企业核心竞争力。

企业文化就好比是一个环环相扣的同心圆，包括三个层次：物质文化、制度文化、精神文化。

物质文化：物质文化是由员工创造的产品和各种物质设施等构成的文化现象，包括企业名称、外貌风格、产品特色、设备特性、传播网络、旗帜、歌曲、服装、吉祥物、纪念建筑、生活设施等。优秀的公司总是通过

重视产品的开发、服务的质量、产品的信誉和企业生产环境、办公环境、文化设施等物质现象来体现文化特色。它能够形成对社会的第一直观印象，是一种人治管理。

制度文化：制度文化是得到广大员工认同并自觉遵从的领导体制、组织形态、经营管理形态、服务机制流程体系等构成的外显文化，是一种约束企业和员工行为的规范性文化。它是企业文化的中坚和桥梁，把物质文化和精神文化有机地结合成一个整体，是对企业的法制管理。

精神文化：精神文化是指企业在长期的经营服务过程中形成的文化观念和精神成果，是一种深层次的文化现象。它包括企业哲学、企业精神、企业经营宗旨、企业价值观、企业经营理念、企业作风、企业伦理准则等内容。企业精神文化代表着企业广大员工工作财富最大化方面的共同追求，因而同样可以达到激发员工工作动机的激励功能。

服务文化的三个层次是紧密联系的统一体。物质文化是企业文化的外在表现和载体，是其他三个层次的物质基础；制度文化是精神文化的载体支撑又规范着行为文化；精神文化是形成行为文化制度文化的思想基础，也是企业文化的核心和灵魂。

企业文化对形成企业内部凝聚力和外部竞争力所起到的积极作用，越来越受到人们的重视：它具有导向功能，它对全体员工有一种内在的号召力，使员工对企业有一种归属感和认同感，能引导全体员工把个人的目标和理想聚焦在企业的目标和理想上，朝着一个共同的方向努力；它凝聚功能是企业内部的黏合剂，能减少企业内部的摩擦和内耗，形成和谐宽松的人际关系，增强凝聚力和向心力，使全体员工团结一心；它具有激励功能，可以增强企业员工的荣誉感和责任感，自觉维护企业的声誉，努力工作；它还具有规范功能，是企业文化中的价值观念、道德规范、约定俗成的行为准则，能约束企业职工的言谈举止，从而保证企业健康、稳定地向前发展。

第十章
打造企业软实力

阅读感悟

_____
_____
_____

家庭式文化——你是我的天使

家庭式企业文化是指企业建立起一种具有家庭氛围的企业文化。无论是企业的经营思想，还是组织的规章制度，特别是激励与约束机制，都应以员工为核心，实行人本管理。

"家庭型"企业文化建设的关键在于企业决策者的经营动机和长远战略目标。如果把员工当作企业主人，把企业的前途与员工的个人命运看成是一个有机统一体，那么企业不仅能长远发展下去，而且还会激发员工的智慧和热情，产生一种不可阻挡的力量，也为企业内部的人员交流与合作提供了方便。

北风和南风比威力，看谁能把行人身上的大衣脱掉。北风首先来一个冷风凛冽寒冷刺骨，结果行人把大衣裹得紧紧的。南风则徐徐吹动，顿时风和日丽，行人因为觉得春意上身，始而解开纽扣，继而脱掉大衣，南风获得了胜利。

这则寓言形象地说明了一个道理：温暖胜于严寒。领导者在管理中运用南风法则，就是要尊重和关心下属，以下属为本，多点人情味，使下属真正感觉家庭一样的温暖。

在巨思特，有一个同事名叫潘洁，她是一个心地特别善良的女孩。她之前的部门领导，借她的身份证办信用卡套现，欠下了银行两万多块钱，然后就逃之夭夭了，再也没了消息。

那时候，她刚来公司不久，销售业绩也很一般，她又是一个性格内向的女孩，所有的事情只能自己默默承受，从此变得更加沉默寡言，业务也

第十章
打造企业软实力

下滑了。

在一次月末的业务分享交流会上,王敏老师知道了这件事,带头捐款5000元,号召大家解囊相助。就这样所有的同事你2000元,我1000元,最让大家感动的是有一个叫全秀勇的同事,刚来公司两天一听说这件事,立马就把钱包里全部的现金1000元给了潘洁,场面非常感人,大家抱头痛哭。

全秀勇是广东人,普通话说得不标准,做销售很难,而且他刚毕业,而就是这样他一个人从广东来到北京,举目无亲,仍然拿出了1000元。事后我问全秀勇,你当时为什么会拿1000元。他说:"我在这里,真的体会到了家的感觉,我愿意为这个家付出一切。帮助她摆脱困境是我们每一个巨思特人的责任,最重要的是潘洁感受了我们这个大家庭的温暖,可以摆脱这个沉重的心理包袱,可以全力以赴工作了。"就是这些勇于承担、彼此信赖、包容和照顾,构成了家庭文化的一部分。

人人好公,则天下太平;人人营私,则天下大乱。家庭式的企业文化具有灵活性和内向性,强调一种非制度的执行文化。在中国企业内实行家庭式的文化,更加适合中国人关系为先、感情为先的思维模式。在企业初创阶段和中小企业内,对于增强企业凝聚力十分有效的。对于大企业来讲,也可以实行这种模式的文化,一方面大企业由小团队构成,一个个层级就相当于一个个家庭。

走进我们巨思特,你会发现我们有一项特别温馨的文化——天使文化,每个人都用真心帮助自己的天使,同时每个人也都是帮助别人的天使。不知道反省者,不知进退之道,或一意孤行而碰壁,或举步踌躇而丧失机会,反省让人冷静,让人少犯愚蠢的错误。通过这种循环的反省与感恩,每个人、每一天都会有进步。

在我们的团队内部有很多小小的约定。比如感恩。得到对方帮助,都要马上道一声"非常感谢";反之,如果自己没做好,都要马上道一声"非常抱歉"。比如,我们所提倡的快乐。在我们的团队有一句大家最常说的话:高官不如高薪,高薪不如高寿,高寿不如高兴。

麦当劳的企业文化就是一种家庭式的快乐文化。麦当劳的同事之间不论管理级别彼此称呼对方名字，大家在一起感觉很轻松，像一家人。员工在工作上犯错误没关系，只要你不是严重违反公司的有关政策和规定，麦当劳不会开除你。人在于用，每个人都有长处，麦当劳一直提倡对人应表扬于众，提倡分享经验而不是高压。

2009年，席卷全球的金融危机，也许正是上苍在提示我们，反省和感恩，乃护身之宝，对个人如此，对企业也是如此。和谐的人际关系和团队精神是一个企业发展壮大的根基。爱企如爱家的家庭式团队氛围，构筑"家"文化核心：诚信、责任、创新、奉献。以尊重人、理解人、关心人、激励人为出发点，重视培养员工的集体意识和提高员工的道德素质，最大限度地调动员工积极性和主动性，牢固树立感恩文化和感恩意识，为企业大家庭的发展作出贡献。

在2009年10月，巨思特教育集团为进一步推动快速发展和凝聚全体巨思特人的团队战斗力，促进全员业务知识和业务素质，造就一支德才兼备、三军齐力的企业培训服务的专业队伍，在钰泰大讲堂隆重举行了《2009巨思特教育集团秋季全员培训暨述职报告会》。集团董事长李强、执行总裁房伟、董事张玉新、我、赵晨光、王敏等集团各部门负责人出席会议，以及巨思特全体家人和来自全国即将入职巨思特的新员工近100人参加了本次"秋季大练兵"活动。

2009年是集团跨越式发展二次创业的一年，通过全体家人的群策群力，我们已经成功树立起巨思特教育集团在社会上的管理顾问服务声誉和培训品牌价值。李强老师希望大家要见贤思齐，努力学习，尽快熟悉工作环境，早日融入集团的大家庭中。李强老师多次勉励全体员工要充分发挥自身优势，借助集团大品牌、大平台资源，把握机遇，解放思想、立即行动。集团的各位讲师也从多角度对员工们进行技能方面及职责等方面的详细讲解，把自身多年积累的经验毫无保留地传授给大家。

文化生发责任，文化凝聚力量，文化激发潜能，文化铸就品牌，文化创造业绩，相信通过独具特色的家庭文化，我们巨思特教育集团一定会努力推进公司健康、稳定、有序发展,让企业文化建设真正落地生根,让所有的巨思特人与企业共成长。

阅读感悟

_____
_____
_____
_____

校园式文化——企业和员工一起加速跑

有一个博士分到一家研究所,成为学历最高的一个人。

有一天他到单位后面的小池塘去钓鱼,正好正副所长在他的一左一右,也在钓鱼。他只是微微点了点头,同这两个本科生,有啥好聊的呢。

不一会儿,正所长放下钓竿,伸伸懒腰,几步便从水面上如飞地走到对面上厕所。博士眼睛睁得都快掉下来了。水上漂?不会吧?这可是一个池塘啊。正所长上完厕所回来的时候,同样也是噌噌噌地从水上漂回来了。怎么回事?博士生又不好去问,自己是博士生哪!

又过了一会儿,副所长也站起来,噌噌噌地漂过水面上厕所。这下子博士更是差点昏倒:不会吧,到了一个江湖高手集中的地方?

博士生也内急了。这个池塘两边有围墙,要到对面上厕所非得绕十分钟的路,而回单位上厕所又太远,怎么办?博士生不愿意去问两位本科生所长,憋了半天后,也起身往水里跨,心想我就不信本科生能过的水面,我博士生不能过。

只听咚的一声,博士生栽到了水里。两位所长将他拉了出来,问他为什么要下水,他脸色涨得通红,终于问了心里的疑问:"为什么你们可以走过去呢?"

两所长相视一笑:"这池塘里有两排木桩子,由于这两天下雨涨水正好在水面下。我们都知道这木桩的位置,所以可以踩着桩子过去。你怎么不问一声呢?"

"一时"的好不代表"一世"的好。学历代表过去,只有学习力才能代表将来。一个好的团队，也应该是学习型的团队。

我经常跟我的同事们讲：学习改变不了你的起点，但是可以改变你的终点。成功的关键不在于你原来拥有了多少知识，而在于你后天努力学习了多少。每个人都应树立正确的学习观，掌握科学的方法，博读精读；在实践中学习，虚心地向同事学习、向同行学习、向上下级学习，学了之后要研习、要实践。学习中更要思考，思考问题应有前瞻性、独立性，不唯书，不唯上，只唯实。任何时候，都要把自己当作新人看待。我敢说，巨思特是最冷静的企业，有最冷静的团队，在我们巨思特，包括李强老师，每个人都在不断地学习，每个月我们都会安排去参加更高端的培训，不断更新、改进企业管理理念。

每天，我们都会坚持举行晨会和夕会，开展头脑风暴，促进共同提升。在不断地分析和总结中强化我们的工作能力，很多刚刚加入我们团队的人，总是害怕总结，怕自己说错、做错。其实，只有做事的人才会做错事。今天的社会早已不是扬长避短的时代了，未来时代，一定是主张补短扬长。

知道吗？每天，当太阳升起来的时候，非洲大草原上的动物们就开始奔跑了。

狮子妈妈在教育自己的孩子："孩子，你必须学习追的本领，追得再快一点，再快一点，你要是追不上最慢的羚羊，你就会活活地饿死。"

在另外一个场地上，羚羊妈妈也在教育自己的孩子："孩子啊，你必须学习跑的本领，比狮子跑得再快一点，再快一点，如果你不能比跑得最快的狮子还要快，那你就肯定会被它们吃掉。"

企业间的竞争其实就是人才的竞争，而优秀人才的特征就在于他的学习力和创新力。在知识经济时代，新变革、新思维层出不穷，这就逼迫我们需要不断地学习、学习、再学习。巨思特把学习当作重要的制度来抓，把学习力作为竞争力纳入公司的发展计划和竞争策略，并费尽心思改善学习环境、创造学习机会、营造学习氛围。"木不雕不成材，人不学不知理。"在公司，我用最严肃的态度告诉员工：要么学习，要么消失。

21世纪是知识经济时代，知识更新步伐加快，技术创新层出不穷。要

团队革命 TUANDUI GEMING

想把握时代的脉搏，跟上时代的节奏，就需要终身学习，对一个企业而言，学习是创造能力和创新能力的源泉，是企业唯一持久的竞争力。建立校园式的企业文化，是企业适应时代发展的迫切需要。根本目的就是把企业的发展与员工的发展结合起来，创造员工终身学习的环境。

创建校园式企业文化的企业需要具备对新知识、新经验、新技术的吸收、消化和创新使用能力，不断提高竞争力、拓展发展空间、营造企业文化环境、培育浓厚的文化氛围。

还记得木桶定律吗？一只水桶想盛满水，必须每块木板都一样长且无破损，如果这只桶的木板中有一块短板或者某块木板下面有破洞，这只桶就无法盛满水。而一只水桶能盛多少水，也并不取决于最长的那块木板，而是取决于最短的那块木板。无论这个木桶有多高，它盛水的高度只取决于其中最短的那块木板。

"木桶定律"告诉企业的领导者，在管理过程中要下工夫狠抓公司的薄弱环节，只有想方设法让短板达到长板子的高度，或者让所有的板子维持"足够高"的相等高度，才能完全发挥团队作用。领导者要努力创造一种自主、宽松的工作环境和相互信任、相互支持的团队氛围，团队管理者需要制订良好的沟通计划，规划沟通渠道及沟通目标，鼓励员工非正式组织间的交流，使团队成员做到畅所欲言，从不同角度提出有利于团队建设的意见和方案。如果说木桶是一个团队，那么就要让团队的每一个成员都能在充分展示自己的同时，实现知识的传播和共享，让企业和员工协调快速地发展。

阅读感悟

_____

_____

_____

_____

第十章
打造企业软实力

军队式文化——没有任何借口

在巨思特教育集团，在董事长办公室，也就是李强老师的办公室，有一个公开的秘密。这个秘密藏在李强老师巨幅相框的背后，却印在我们每一个巨思特人的心里，它时刻提醒我们——没有任何借口，坚决执行！

李强老师新换的办公室墙壁上有一个暗格，是以前在这里办公的企业留下的。但是，却会影响到李强老师办公室的整体格局，无论怎样修饰它都与我们整体的风格格格不入。我们发现这个问题的时候，已经是夜里9点多钟了，李强老师第二天一早就会回到总部，并且有客人来我们企业参观。李强老师听到我们提出的这个问题，只说了一句：明天我到公司之前，你们必须自己把问题解决，办法你们自己想。

当时大家都七嘴八舌地议论，提出不同的建议，但是都没有办法把这个黑黑的暗格完美地掩饰起来。最后，这项工作的负责员工说："大家都回去休息吧，明天还要以最饱满的状态迎接李强老师和到访的客人。这个问题我来解决，一定不会让大家失望。"说实话，没有人相信他能做到。

第二天一早，所有的员工都提前半个小时来到公司，到公司的第一件事情就是跑到李强老师的办公室去看。当然，每个人都嘴巴张成一个O形，然后笑着走开回到了他们自己的工作岗位上。

李强老师和客人来了，一进办公室，墙上巨幅的李强老师的大相框熠熠生辉。我的同事连夜找到一家影楼，把老师的照片放大，用相框装好，终于在今天一早完成了这个任务。照片里的老师干练、自信、风度翩翩。毫无疑问，老师对我们的工作十分满意。

从这件小事上,所有的员工都体验到了巨思特这种"没有任何借口"、"坚决执行命令"的企业文化,感受到了巨思特的这种工作态度、敬业精神、完美的执行力。

"没有任何借口"是美国西点军校奉行的最重要的行为准则,是西点军校传授给每一位新生的第一个理念。它强化的是每一位学员想尽办法去完成任何一项任务,而不是为没有完成任务去寻找借口,哪怕看似合理的借口。其核心是敬业、责任、服从、诚实。这一理念是提升企业凝聚力,建设企业文化的最重要的准则。秉承这一理念,众多世界级大企业建立了自己杰出的团队。

军队里,服从命令是军人的天职,企业里最需要的就是这种能把制订好的方案坚定实施下去的团队,需要这种接到指令后能不找借口、立即投入行动的员工。

执行不是靠你一言我一语堆积起来的,而是靠你一行他一举证明和积累出来的。我接触的每个企业都有这种爱唱反调的员工。团队合作时不管其他成员提出什么看法或建议,总是抱着质疑态度,认为该意见完全不可行。此话一出,自然会打击其他成员的士气。而且他的反对立场不见得有根据,只是为反对而反对,不仅拖延讨论时间,更会造成负面气氛,原因就是企业缺乏军队式文化的建设。

坦白说,我认为我们公司的相关制度和流程还需要进一步规范。前段时间公司采取了一些举措,我们期望获得很好的结果。但是大家很快就发现,很多制度和流程虽然原来就一直存在,但是大家都没有严格按照流程去做,以至于无法做好本来计划提前完成的工作。

既然公司的制度和流程没有太大问题,那么造成公司目前这种状况的原因究竟是什么?我曾经听过这样一个故事:

一个铁匠在走路的时候掉了一枚很小的钉子,他没有在乎,也没有去捡起来。后来一个人骑着战马从这里飞奔过去,钉子扎进马掌里。于是马越跑越慢,最后因为疼痛跑不动了。而这位骑马的将军,因为战马跑不动,贻误了战情,因为贻误了战情,那场战役输掉了,因为输掉了那场战

第十章
打造企业软实力

役，他的国家也因此亡国了。"勿以善小而不为，勿以恶小而为之。"说到底，我分析目前公司企业管理的最大问题，还是在这里。

有些问题可能公司会觉得是些小事，但是连小事都做不好，还能谈办大事吗？就是因为这些是小事，点点滴滴，日积月累，最后变成冰冻三尺！是不是我们早已忘记了我们的企业也是从一点一滴开始壮大的？

企业到底是人治还是法制，不是去选择的，而是必须去做的！任何一家企业，有制度和流程却不执行，那和没有制度有什么分别？企业的标准化、流程化不是说出来的，而是严格地做出来的。

狼性团队是军队化文化管理的典范。

英国动物学家绍·艾利斯说："在所有哺乳动物中，最有情感者，莫过于狼；最具韧性者，莫过于狼；最有成就者，还是莫过于狼。"狼性，狼道，狼图腾让众多军事家羡慕不已，因为有狼性，《亮剑》中李云龙的部队所向披靡，《沙场点兵》中的野狼团更能让全军谈狼色变。

狼群的凝聚力、团队精神是决定狼群生死存亡的关键，团队意识已经成为狼的本能。狼在自然界中，时时刻刻都面临着各种危险，但它们能够生存下来，其主要原因就在于狼是一种群居动物。每一个狼群，在狼王的统一指挥下，其成员各司其职，分工明确，发挥各自所长，团结合作，配合默契，在它们的内部有极强的组织纪律性，一旦狼王做出了决定，其余的狼都要毫不含糊地服从狼王的领导。

西点军校有这样一句话：纪律是保持部队战斗力的最重要的因素，是士兵们发挥最大潜力的关键，服从是执行纪律的关键。

狼族这种群策群力和其高效的团队运作方法在企业界也同样适用，能否全面突围获得胜利，就看你的团队有没有军人的执行力。1%的不执行就有可能导致100%的失败。如何让你的团队具有狼性？

对于下级来说，每一位员工都要服从上级的安排，不找借口地服从并执行，执行后方知效果。一个还未执行就大谈自己独特见解，找出种种方案不可行的员工，无论他走到哪里都是不受欢迎的。现在越来越多的企业倾向于军事化管理，只有服从纪律，快速执行命令的团队才是高效的、富

团队革命 TUANDUI GEMING

有战斗力和竞争力的团队。只有团队强大了，员工个体才能有更好的机会发展。

　　杰出的策略必须加上杰出的执行才能奏效。一个奉行军队式文化的企业，为提升企业的执行力文化，应从培养员工对企业的认同感、责任感、使命感、归属感入手，通过潜移默化地渗透企业的理念和文化，激发每一员工"个人服从团队，执行没有借口"的军人般顽强的拼搏精神。

阅读感悟

_____
_____
_____

第十一章 提升企业执行力

　　执行力决定竞争力，这已经是业内的广泛共识，没有竞争力，就无从发展。执行力概念最早由美国资深企业家保罗·托马斯和企业管理学家大卫·伯恩提出的，他们认为：执行力在企业竞争中具有举足轻重的地位。可以说"三分战略，七分执行"。如果没有牢固的执行理念和强劲的执行力，任何决策和计划都不可能贯彻落实到底。

公平，纪律是悬崖上的护栏

有一位骑师花了很长时间驯服了一匹好马，日长月久，他和这匹马有了深厚的感情。既然有了感情，他突发奇想，这是匹好马，应该给它松开缰绳，任其自由。这以后，骑马出去时，他就把缰绳解掉了，让马儿在原野上自由飞奔。渐渐地，马知道再也没有缰绳的时候，胆越来越大，心越来越野。它一路狂奔，连骑师摔下也不顾，直往前冲，什么道路也不看，什么方向也不分，结果冲下深谷，粉身碎骨。

"纪律是个圈，自由在里面"。在人生的路上，任何人都要接受纪律的束缚，要学会在"圈子"内生活和工作。万物生灵皆有限制，安于限制，就自得其乐；出限越制，就后患无穷，如同鱼儿一旦离开水就难以生存的道理一样。纪律不仅是事业成功的保证，对个人而言，也是挡在悬崖边上的一道护栏，是一种关爱和保护。忽视纪律的约束，就像脱缰的野马一样，醉心于放任自流，久而久之，迟早都会失去自由的。

巴顿将军在他的战争回忆录《我所知道的战争》中曾写了这样一个故事：

我要是提拔人时，常常会把所有的候选人排到一起，给他们提一个我想要解决的问题。我说："伙计们，我要在仓库的后面挖一条战壕，8英尺长，3英尺宽，6英尺深。"我就告诉他们这些。

我有一个带后窗的仓库。候选人正在检查工具时，我走进仓库，通过窗户观察他们。我看到伙计们把锹和镐都放在仓库后面的地上。他们休息几分钟后开始议论我为什么要他们挖这么浅的战壕。有的人说："6英尺

第十一章
提升企业执行力

还不够当火炮掩体"，有些人则争论这样的战壕太热或太冷，而有些军官抱怨自己不该干挖战壕这么普通的体力劳动。最后，有个伙计对大家说道："让我们把战壕挖好后离开吧，那个老畜生想用战壕干什么都没关系。"

最后，巴顿写道："那个伙计得到了提拔。我必须挑选不找任何借口地执行并完成任务的人。"

在《致加西亚的信》中，士兵罗文不问任何原因，不提额外要求，不存侥幸心理，以绝对服从和认真执行的态度，历尽千辛万苦，把信送达加西亚将军，堪称成功执行的表率。所谓三分谋略，七分执行。执行力就是行动力，执行力就是战斗力，执行力就是竞争力，执行、执行、再执行，像罗文一样不折不扣去执行，才能从士兵成长为将军。

商场如战场，执行力同样是决定企业成败的关键因素，一个成功的企业必须从制度和机制两方面入手，确立挑战性的目标，制订切实可行的行动计划，建立评估内容和绩效标准，通过正确的策略和方法，要求员工对目标、策略能够及时掌握、全程跟进。执行过程中，按客观规律办事、按流程办事、按制度办事，没有任何借口，全力以赴做到最好。

战略、战术、制度再完美，关键在执行。失去执行，豪言壮语只不过是嘴上一句空话，雄图伟略也仅仅是一张白纸黑字。推行执行力，还讲求执行效率，注重实效和时机，要求员工迅速贯彻公司的战略、战术、制度，确保目标执行起来雷厉风行。

阅读感悟

管理,要把一碗水端平

有七个人曾经住在一起,每天分一大桶粥。要命的是,粥每天都是不够的。一开始,他们抓阄决定谁来分粥,每天轮一个。于是乎每周下来,他们只有一天是饱的,就是自己分粥的那一天。后来他们开始推选出一个道德高尚的人出来分粥。强权就会产生腐败,大家开始挖空心思去讨好他,贿赂他,搞得整个小团体乌烟瘴气。然后大家开始组成三人的分粥委员会及四人的评选委员会,但他们常常互相攻击,扯皮下来,粥吃到嘴里全是凉的。最后想出来一个方法:轮流分粥,但分粥的人要等其他人都挑完后拿剩下的最后一碗。为了不让自己吃到最少的,每人都尽量分得平均,就算不平,也只能认了。大家快快乐乐,和和气气,日子越过越好。

同样是七个人,不同的分配制度,就会有不同的风气。所以一个单位如果有不好的工作习气,一定是机制问题,一定是没有完全公平公正公开,没有严格的奖勤罚懒。如何制定这样一个制度,是每个领导需要考虑的问题。

"没有规矩不成方圆"很多人都认为制定很多制度就能约束人,管理好公司,其实并非如此。团队工作不同于一般的工作在于它是一个管理矛盾的过程。只有公平公正地管理才能有效地制约大家的行为。企业管理中有这样一个原理:姑息迁就有错的人就是对无过错的人最大的不公平。所以,软心肠的老好人式的不坚持原则的管理非但不是仁慈的,还是残忍的。

他的残忍表现在什么地方呢?表现在对好人的残忍,对没有过错的人

第十一章
提升企业执行力

的残忍。姑息迁就了有过错的人,什么都没做错的人就会感觉到不公平!

比如,规定下午两点钟准时开会,两点钟有些人到了,有些人未到,我们怎么办呢?两点钟准时开会,这叫坚持原则。如果认为大家没到齐,等待十分钟,这样做对提前到的人是不公平的,他们为此付出了代价。

比如说,企业的中层经理,大家的价值观或者是工作理念不一样,有的经理不管遇到什么问题任劳任怨,默默无闻地去把工作做好,从不向组织讲条件。有的经理不是这样的。一遇到什么问题就在那边又喊又闹,我这里困难多多,我这里问题重重。

上司怎么办?谁叫谁嚷,那真是有困难,需要大力支持,不吭气那就是没什么问题,不予理睬。这种现象叫"会哭的孩子有奶吃",是典型的激励陷阱。对于那些默默无闻去工作的人,是不公平的。会引导大家都在那里叫嚷,都在向上司讲条件要政策。

一个企业的工作流程、规章制度、绩效考核等都是企业纪律的组成部分,规范着每一个人,确保公司决策的有效落实与工作指令的正确执行,没有例外和通融的余地。

巨思特教育集团既是一个家庭,又是一所军营。管理是严肃的爱,我们既普及柔性关怀,也强调刚性制度。在执行纪律方面近乎苛求。原则不能背离,纪律不能违反,纪律是为人处事的"红线"。纪律面前人人平等,无论职位、资格或亲疏,一旦触犯严惩不贷。

很多时候看似简单的员工考勤,也可能成为企业纪律的"短板"。在处罚违反制度当事人向来绝不护短。无论任何级别的员工都应当严守规章制度,该管的要敢管,该服从的就得服从,赏罚分明,奖要奖得心花怒放,罚要罚得胆战心惊。

一个公司虽然说有很多制度,可却无法真正执行下去,往往是这个是同事可以通融,那个是熟人可以减轻,做不到一视同仁,所以到最后仍是上有政策,下有对策,你有例外他情有可原,那些制度形同虚设,一点作用都没有所以,一个公司并非制度越多越好,而是精,越少越好,做到行之有效。总之,企业要想突破瓶颈,就必须抛开以前陈旧的管理模式,建

立一个新的适合自己的规范化管理体系，同时还应有发展战略与执行力，这三者缺一不可，有发展战略，却没有相应的执行力，那最终将以失败告终，有执行力，却没有扎实的管理基础，同样还是失败。

企业不能成为养老机构，不能成为大公社。我们要以合理、合情的绩效考核消灭大锅饭思想，打破唯资历论，废除太平意识，以绩效论贡献、论岗位、论职位、论升降、论待遇。所以，企业要不断提升自身的管理系统的水平，重视执行力，制定合理的战略，企业才能长久生存。

阅读感悟

_____
_____
_____

第十一章
提升企业执行力

分解，让工作程序标准化、流程化

美国NBC有一档脱口秀，主持人雷诺在1990年的节目中讲到现代汽车，他说我经过两年的研究，终于懂得了韩国人造的现代汽车跟美国有什么不一样，美国人造的汽车要开才会动，韩国人造的汽车要推才会动，而且还是下坡的时候。全体哄堂大笑。

韩国汽车工业起步于上世纪60年代初期，比中国汽车工业还要晚几年。到了1997年碰到亚洲金融危机，韩国整个国家几乎全线崩溃。到了2004年，全世界汽车排行榜出来，其中有一个指标叫做汽车质量排行榜，它按每出厂100台汽车三个月之内所汇总的零件缺陷数目排行，数目越少越好。全世界37个大汽车厂的平均零件缺陷率是129个，第一名是日本的丰田，零件缺陷率只有101个。被世界嘲笑了十几年的现代，零件缺陷率102，排全世界第二名。

一个在上世纪90年代被雷诺先生脱口秀讥笑的韩国企业，经过十几年的努力，竟然在质量排行榜上排到了世界第二名。韩国的汽车工业用了仅仅大约40年的时间，就走过了美欧等西方汽车工业发达国家百年发展的道路，超越中国，成为世界汽车工业后起之秀。它为什么有如此杰出的表现？因为他们建立起了一套标准的工作流程。

几乎所有的人，在外出选择去哪里就餐的时候，都有一个相同的标准：找家口碑好的连锁店，去我曾经去过的那家分店，大师傅手艺不错，要去就去那家吃，其他分店的菜品味道不如这家，要吃的就是这家大师傅的手艺。

可是，大家想过没有？同样的一盘菜，同样的配料，味道为什么会差这么多？为什么这个餐馆好吃，开个分店就不好吃。原因是什么？厨师的手艺不能标准化、流程化。

以大厨师的工作流程为例。他炒鱼香肉丝特别好吃，别人炒都不行，你要把他炒鱼香肉丝的本领分解成20道流程，一个人切葱花，第二个人切肉丝，第18个人倒三勺酱油，第19个人把火开到600摄氏度，第20个人炒三下。

这20道工序经过无数次的改进之后，比如第二个人切肉丝切短一点，第18个人倒两勺酱油，而不是三勺，第19个人火开到700摄氏度不要600摄氏度，最后一个人炒两下。你会发现最后一定有一次的组合炒出来的菜是一样的难吃或者一样的好吃。到这个时刻你只要按照每一道流程工序，炒出来菜口味一定是一模一样的。这就是西餐的水平，麦当劳、肯德基、必胜客，每一家店做出的食品味道几乎都一样，秘诀就是它们的操作流程是细化的、量化的、标准的。中国的厨师手艺的差距就在于他们没有把鱼香肉丝流程化、标准化。

管理流程就像是企业健康运行的《孙子兵法》，善用者事半功倍，不善用者事倍功半。流程的适用性与合理性评估标准，在于即使是新进员工，依照流程也能够在短时间内展开工作、融入团队。以流程促进效益，是企业持续精进流程的目标，便捷、高效、量化、明确的业务服务流程，为创造客户满意度提供了有力的保障。

曾经有个企业家问我：王超老师，我在不同的时间，给你们不同的座机打电话，咨询你们的业务。我提出的问题有的甚至很刁钻，但是，无论是哪一个员工接到电话，他们的回答都能让我满意。我在你们这里接受培训，我发现每个人的言行都十分规范，工作态度整齐划一，团队协作的效果明显，大家分工有序。为什么我的团队做不到？

我告诉他，答案很简单，在我的团队，我实行了最简单的管理和考评制度：能量化的就量化；不能量化的就细化；不能细化的就流程化。再有就是公平、公正和公开。

第十一章
提升企业执行力

　　绩效考核是人力资源管理中的一个系统工程,它涉及面广、工作面大、影响力强,需要多方参与和协调。在考核理念里,考核是手段,不是目的;考核是分享,不是克扣。考核的目的在于激发员工的积极性,达成公平分配,不让奉献者吃亏。考核旨在充分调动员工的积极性,客观评估员工的付出与价值,搭建收入与工作业绩、公司效益相结合的薪资体系,激发内在潜能,促进企业的稳健发展。

阅读感悟

_____
_____
_____
_____

沟通，推倒内部信息防火墙

沟通在企业内部无处不在，无时不有。沟通最基本的解释是从一个人到另一个人传递信息的过程。有效的沟通意味着信息从发出者完整、正确地传到接收者那里。换句话说，沟通就是传授思想意图，使自己被其他人所理解的过程。一般意义上的企业信息沟通包括内部沟通，即企业内部成员之间的信息交流，也包括外部沟通，即本企业和其他企业、组织的信息交流。这种信息沟通既可以是口头的，也可以是书面的，也可能通过其他媒介来进行。

良好的企业内部信息沟通机制一方面有利于企业将构想、使命、期望与绩效等信息准确地传递到职工，并指引和带领他们完成企业目标；另一方面，良好的企业内部信息沟通机制，有利于快速反映员工的思想动态，收集员工的新想法、新观点，为员工反映问题、抒发情感提供途径。

可惜，现如今，沟通渠道不畅通成了大多数企业都存在的通病。理解与信任不是一句空话，往往一个小误会反而给管理带来无尽的麻烦。

有一个工作很努力的员工要辞职，原因是他认为自己废寝忘食地工作却得不到应有的重视和报酬。

经理挽留说："你不能走啊，你非常出色，之前的做法都是为了锻炼你，我就要提拔你了，我还要奖励你！"可是，这位员工却认为不过是一句敷衍。

一个想重用人才，一个想为企业发挥自己的才能，仅仅因为沟通方式不畅，都很受伤害。

第十一章
提升企业执行力

信息时代，打造现代化的企业就应推倒"内部防火墙"，打造"信息绿色通道"。密集的信息媒介，顺畅的信息是流通时代实现信息化管理的条件。

现在，很多的企业过于追求企业规模化，造成组织机构过于庞大，管理层次太多，影响信息传达的及时性，降低工作效率。据有的学者统计，信息的传达遵循一个漏斗原理：你想要告诉别人100%，那么你表达出来则是80%，听众接收到的是你想要表达的60%，听众能理解的只是你要表达的40%，最后，听众能够记住的只有2%。如果一个信息在高层管理者那里的正确性是100%，到了信息的接受者手里可能只剩下20%的正确性。

一个企业，无论拥有多么先进的管理制度、生产工艺和生产设备，都必须靠员工的积极参与和熟练操作，才能发挥其应有效能。特别是随着科技的发展和社会化大生产程度的提高，专业化分工越来越细，更需要全体员工打破沟通壁垒、行为协调一致、通力合作。

如果管理者真正要和员工建立亲密关系并使他们热诚工作，就为员工创造一个良好的沟通氛围，使广大员工能够直接参与管理，下情上达，与管理者保持实质性的沟通。良好的沟通管理，不仅反映了组织中管理人员的管理和协调能力，更体现了完善的企业制度和健康的企业文化。从公司的组织角度来考虑，也必须要有一套有效的沟通措施和信息交流渠道，保证员工能随时了解、掌握公司的发展战略、目标、目的和计划，向员工通报公司的经营活动情况、面临的问题，所取得的成就、业绩以及大家所关心的事情。

在巨思特，任何部门或员工均可获得对称、透明的信息。在信息的对外传播方面，我们会不断地向全国合作伙伴传递企业新闻、资讯、行业动向和各地成功管理案例。在企业内部，公司最新的管理动态、企业文化典型案例、先进事迹都会及时公开发布，为企业文化的宣导推波助澜。将各类信息第一时间进行传递。有效地沟通直接提高工作效率，加快对战略决策、市场资讯和工作计划的快速处理能力，减免行政程序，降低沟通

成本。

在所有的动物之中，狼是将团队精神发挥得淋漓尽致的动物。狼族在捕获猎物时非常强调团结和协作，因为狼在同其他动物相比，实在没有什么特别的个体优势，在生存、竞争、发展的动物世界里，它们懂得了团队协作的重要性，共同发展是团队取得成功的要点。

成功的团队彼此融洽交流，而且知道发生冲突和矛盾时该如何处理，工作中能互相支援，并且能够互相鼓励，以最佳状态奉献全队。把自己内心的想法告诉大家，是我们团队沟通的基本的一条。我们明白，诚恳的批评有助于个人和全队技能的提高。我们大家对于团队中出现的问题，要善于"吾日三省吾身"，我们要从"知过则改"升华到"闻过则喜"。特别要学会宽容，遇到摩擦，多从自身找找原因，即使真是对方的过错，也要学会换位思考，体现出容人的雅量。

阅读感悟

_____

_____

_____

第十一章
提升企业执行力

竞争，引入"鲶鱼"激发潜能

　　西班牙人爱吃沙丁鱼，但沙丁鱼非常娇贵，极不适应离开大海后的环境。当渔民们把刚捕捞上来的沙丁鱼放入鱼槽运回码头后，用不了多久沙丁鱼就会死去。而死掉的沙丁鱼味道不好销量也差，倘若抵港时沙丁鱼还存活着，鱼的卖价就要比死鱼高出若干倍。为延长沙丁鱼的活命期，渔民想方设法让鱼活着到达港口。后来渔民想出一个法子，将几条沙丁鱼的天敌鲶鱼放在运输容器里。因为鲶鱼是食肉鱼，放进鱼槽后，鲶鱼便会四处游动寻找小鱼吃。为了躲避天敌的吞食，沙丁鱼自然加速游动，从而保持了旺盛的生命力。如此一来，沙丁鱼就一条条活蹦乱跳地回到渔港。这在经济学上被称作"鲶鱼效应"。

　　大部分失败的公司，事先都有一些特征：企业的气氛沉闷，缺乏压力，管理层安闲舒适，员工惰性十足，一些真正具有能力和潜力的人员则得不到充分发挥才能的机会，他们或者离开公司，或者被无谓地浪费掉，企业慢慢地失去生机。

　　人就是这样一种生物，在某一个相对稳定的团队环境里生存久了，人的主观能动性会一直维持在一个相对稳定的水平，这是不利于企业的持续进步的。这时候就需要一定的刺激来激活人的创造性，使大家重新焕发出工作的激情来。

　　在管理领域，利用"鲶鱼效应"，即利用群体和组织中的"鲶鱼"，刺激其他"沙丁鱼"，从而增进和保持团队和组织的活力，似乎已经是常识。企业的管理者通常以两种手段来为团队施压：

一是通过不断补充新鲜血液,把那些富有朝气、思维敏捷的新人引入团队,甚至委以重任,势必给那些固步自封、因循守旧的懒惰员工和官僚带来竞争压力,激发他们的竞争意识;

二是要不断地引进新技术、新工艺、新设备、新管理观念来增强生存能力和适应能力。

当压力存在时,为了更好地生存发展下去,弱小者必然会比强者更用功,而越用功,跑得就越快。适当的竞争犹如催化剂,可以最大限度地激发潜能。如,羊群中引入狼,才利于促进羊的品质和生存能力的改进;再如,国际企业的进入虽抢占了中国企业的市场,对其生存产生了威胁,但随着与狼共舞,中国企业也在与高手较量中不断成长和成熟等等。

从内部来讲,团队的成员也要有竞争意识。提倡竞争型团队有两个目的:一个是自身提高水平和技能的需要;一个是完成团队目标的需要。不管是老员工还是新员工,要么被体制淘汰,要么透过自身努力赢得团队认同并成为其中的佼佼者。在公司人才循环引进中,新员工在逐渐成为老员工的过程中,也将迎接下一批新进员工的挑战,这正是企业永葆企业活力的应有规律。

"狼来了"不再是惊呼,而是事实;不想被狼吃掉,就要学会与狼共舞;要与狼共舞,先要学会变成狼。面对竞争没有第二条路好走,只有勇敢地迎上去!

联想集团面对戴尔、惠普等强劲的竞争对手,提出了"打造虎狼之师"的口号。2004年,由于没有完成前一个三年计划,联想集团不得不减员5%。2004年春节后,联想的所有员工都收到了一封信——"狼性的呼唤",要战胜比自己强大的竞争对手,我们的自身条件将会更残酷,如果我们每一个细胞、每一个个体都不具有竞争力,那这个企业会有竞争力去抗争吗?这是杨元庆企图激活联想文化、塑造团队精神所做的一种努力。

杨元庆需要一支虎狼之师来打赢这场硬仗。联想没有退路,只有背水一战,重新在PC市场找回领导者的尊严;杨元庆别无选择,必须鼓舞士气,再现当年PC市场攻城略地的霸气,来面对比自己强大十倍甚至几十倍的惠普、戴尔、IBM等跨国公司。

但是，在建立内部竞争机制的时候，要注意成员相互之间是竞争，而不是斗争，这种竞争是在理性的基础上。我们说，团队建设中，协作是团队的核心，但这并不意味着是一潭死水，没有争论。而应该有争论，用争论来激活团队的气氛，激发成员的竞争意识。

同时，还要注意，在内部设立竞争机制一定要以业绩作为考核标准，用有情的鼓励和无情的鞭策，让团队的每一个人都能以积极的心态工作在最合适的岗位上，实现自我，超越自我，最大限度地发挥团队的威力。

阅读感悟

_____
_____
_____
_____

激励，人是活在希望当中的

心理学家曾经做过一系列的实验：

把一只小白鼠放进一个装满水的水池中心.这个水池尽管很大，但依然在小白鼠的游泳能力可以达到的范围之内。小白鼠落入水中，并没有马上游动，而是转着圈子，发出"吱吱"的叫声。它是在测定方位，它的鼠须就是一个精确的方位探测器。它的叫声传到了水池边，声波又反射回去，被鼠须探测到。小白鼠借此判定水池的大小，自己所在的位置，以及离水池边缘的距离。它尖叫着转了几圈后，不慌不忙地朝选定的方向游去，很快就到了岸边。

心理学家又把另一只小白鼠放到了水池中，不同的是这只小白鼠的鼠须已经被剪掉.小白鼠同样在水池中转着圈子，也发出"吱吱"的叫声，由于"探测器"不复存在了，它探测不到反射回来的声波。几分钟后，筋疲力尽的小白鼠沉至水底淹死了。

关于第二只小白鼠的死，心理学家这样解释：鼠须被剪，小白鼠无法准确测定方位，看不到其实很近的水池边沿，以为自己是无论如何也游不出去了，因此，停止了一切努力，自行结束了生命。在感觉生命彻底无望时，动物往往强行自行结束自己的生命，这种叫"意念自杀"。被剪掉鼠须的小白鼠丧生水池，但不是被水淹死的，而是被那"无论如何也游不出去了"的意念淹死的。

实验到这里并未结束，心理学家将第三只小白鼠放进水里，当它快要淹死时候便将它捞出，进行人工呼吸。将它救活后仍然将它放入水中，等快要淹死时候再次将它捞出，进行人工呼吸，将它救活。实验进行多次后，心理学家惊奇地发现，小白鼠在水里的时间越来越长。结果表明，小白鼠和人一样，是活在希望中的，会为了希望而坚持，激发潜能。

我信，我能。在团队里，也许我们并不需要每个团队成员都有超人的能力，而是需要每个人都具有强烈的责任心和事业心，和取得最后成功的信心。

拿破仑曾说过："军队战斗力的四分之三是由士气组成的"。从军事上讲，高昂的士气是军队打胜仗的前提之一。士气是一种精神，不管是军队，还是企业，在竞争中都需要昂扬的士气支撑。激励组织中的每一个人团结互助、不畏困难、坚定目标、不断进取、达成卓越，使企业获得长期竞争力，才是管理的最终目标。

老鹰是所有鸟类中最强壮的种族，根据动物学家所做的研究，这可能与老鹰的喂食习惯有关。老鹰一次生下四五只小鹰，由于它们的巢穴很高，所以猎捕回来的食物一次只能喂食一只小鹰，而老鹰的喂食方式并不是依平等的原则，而是哪一只小鹰抢得凶就给谁吃，在此情况下，瘦弱的小鹰吃不到食物都死了，最凶狠的存活下来，代代相传，老鹰一族愈来愈强壮。

这是一个适者生存的故事，它告诉我们，公平不能成为组织中的公认原则，组织若无适当的奖惩、淘汰制度，常会因小仁小义而削减了团队整体的战斗力。

绩效管理是企业提升绩效水平和执行能力的关键环节。一个高效的员工需要你的信任、乐观和鼓励。然而，要使奖励发挥应有的作用，我们需遵守以下基本规则：奖励必须是每个人都有能力争取；奖励必须要公开地授奖；奖励方案应当是短期的，并且要与销售周期相联系；团队的整体绩效也是考核标准之一；激励机制一旦设立，永不放弃。

团队革命 TUANDUI GEMING

阅读感悟

_____
_____
_____
_____

第十二章 管理就是经营人心

一把坚实的大锁挂在大门上,一根铁杆费了九牛二虎之力,还是没法将它撬开。钥匙来了,它瘦小的身子钻进锁孔,只轻轻一转,大锁就"啪"的一声打开了。

铁杆奇怪地问:"为什么我费了那么大力气也打不开,而你却轻而易举地就把它打开了呢?"

包容，领头羊的个人魅力

深圳一家保险公司，发生一起员工集体炒老总的奇闻，原来员工无法忍受该公司经理陈某恶劣的训斥及动不动就利用手中权力威胁的做法。陈某平时在公司里是嗓门最大的，只要谁有一点小过错，就把那人带到办公室大声训斥，有时甚至在许多员工面前斥责，并用了许多有伤人格的话，如果员工有些解释或反驳，他就火冒三丈地跳起来说："你还想不想在这做了！"最令员工气愤的是，他目中无人，自傲自大，总以为自己说的做的是最棒的，是最有效的，方法也是最好的；别人提出一些建议或其他方案的时候，他就会冷冷地说："我说这么做就这么做。"如果员工想再劝说一下，他就会大声斥道："这是命令，你必须按我说的做。"简直让员工失去了人格和尊严。这种以上压下，以权压人的态度，使员工们即使是最温柔的人也变得十分反感，因此，他的被炒，也是注定的。

微软公司有一句至理名言，那就是"一流的人才只和一流的领导一起工作"，这句话的准确意思是说，只有一流的领导才能吸引一流的人才与之合作。与微软公司一样，在许多世界著名企业，我们看到一流的领导者积极参与下属职员的事业建构，提供他们晋升及领导机会，这些领导者堪称为其他领导者的表率，因为他们使下属职员有最好的表现。

比尔·盖茨是如何吸引他人，特别是优秀的人才与其一起工作呢？

一位助理曾经这样描述他，董事长非常重视我是否得到正面的经验，他会制订非常清楚的目标，然后再从最顶端监督，而不会随意干涉。他的要求非常清楚明确，他的引导与支持对我的事业帮助极大。他当然知道这

第十二章
管理就是经营人心

对他也有好处,因为我心情好的话,会工作得更卖力,工作表现得更好。我刚到这家公司时,以为自己最多工作个一年半载便会离开。但是,我在这里做得非常顺利,而且很有成就感,我觉得如果现在离开的话,无疑放弃了大好前程。

微软公司的一个基层工作人员对比尔·盖茨的评价:他让我们了解,他尊重我们的时间。他是优秀的计划人才,分派工作十分有效率。他和我所有以往的领导者的差别在于,他不像大多数人那样以自我为中心。这种管理风格培养出对工作及公司的长远思考。我们是这个公司历来最优秀、最有生产力的团队,而且我们这个团队的所有成员都获得了升迁。我的直接主管被升到非常重要的职位,因为公司实在太满意我们的成绩了。

这位员工给他的直接领导者的评价则是:我的主管给予我们适当的自主性、适当的意见与支持,他确实鼓舞了我们的团队精神。他的管理之所以如此成功,是因为他对工作分配和承担责任非常有条理。他是很好的倾听者,表达自我十分清晰,善于领导并给予指引,同时也乐于赋予员工对自己工作的所有权。在我感觉到迷茫的时候,我的主管善于激发我迅速执行任务的能力,他指引我正确的方向之后,就放手让我把工作做好。如果我有问题,也可以随时请教他,他真的愿意花时间训练我,慢慢地把责任交付给我。我一旦准备就绪,他便会让我自己去做。他会给我时间探索新领域,根据我的主动性给予我更多工作,而我则开启了我的主管从未梦想过的市场,现在他在公司里获得升迁,我也跟着升迁。

富兰克林曾说过:"领导者必须具备25%的职业技术,25%的想象力,其余的50%就是他本身的素养,其中最重要的一点是包容。"

包容是一种美德,是一种思想修养,也是人生的真谛,你能容人,别人才能容你,这是生活的辩证法则。俗话说:"将军额上能跑马,宰相肚里能撑船。"这是容人的最高境界。那么,领导容人究竟容什么?

1.容人之长。有的领导十分嫉妒下属的长处,生怕下属超过自己,而想方设法进行压制,其实这种做法是很愚蠢的。

人各有所长,取人之长补己之短,才能相互促进,事业才能发展。刘

邦在总结自己成功经验时识过一段发人深省的话:"运筹帷幄之中,决胜于千里之外,吾不如子房;安国家,抚百姓,给饷银,不绝粮道,吾不如萧何;统百万之军,战必胜,攻必取,吾不如韩信。此三者,皆人杰也。吾能用之,所以取天下也!"善于用人之长,首先是容人之长。萧何月下追韩信、徐庶走马荐诸葛,这些容人之长的典故早已成为千古美谈。

2. 容人之短。金无足赤,人无完人。一般来看,越是在某一个方面有突出才能的人,往往在另一个方面的缺点也越明显,正所谓:"有高山,始有低谷。"人的短处是客观存在的,容不得别人的短处势必难以成事。"鲍管分金"的故事就很耐人寻味。春秋时期,鲍叔牙与管仲合伙做生意,鲍叔牙本钱出得多,管仲出得少,但在分配时候却总是管仲多要,鲍叔牙少要。鲍叔牙并没有觉得管仲贪财,而是认为管仲家里穷,多分点没有关系。后来鲍叔牙还把管仲推荐给齐桓公,辅佐其成就霸业,管仲也因此成为著名的政治家。

3. 容人个性。由于人们的社会出身、经历、文化程度和思想修养各不相同,所以人的性格各异。因此容人根本上来说就是能够接纳各种不同个性的人,这不仅是一种道德修养,也是一门领导艺术。具有容人个性,才能善于团结各种不同个性的人共同协调工作,从而充分发挥个人的主动性、积极性和创造性,推动事业的不断发展壮大。

4. 容人之过。"人非圣贤,孰能无过"。只要人们宽容他人过错,激励他改过自新,他会迸发出无限的创造力。一心一意为企业、为社会拼搏努力,作出自己的贡献。

5. 容人之功。别人有功劳,应该感到高兴,千万莫心胸狭窄,害怕别人的功劳大了对自己构成威胁——"功高盖主"。须知,有功之人,对企业、社会作出了贡献,也就是领导的光荣。

6. 容己之仇。这是容人的极致,是一种高尚的品德。齐桓公不计管仲一箭之仇,任用管仲为大夫,管理国政而成就霸业;魏征曾劝李建成早日杀掉秦王李世民,后来李世民发动了玄武门之变当了皇帝,不计前嫌,重用魏征。魏征为李世民出了不少治国安邦的良策,出现了贞观之治。

第十二章
管理就是经营人心

阅读感悟

_____
_____
_____
_____

真诚,把心交给团队内每一个人

世界上最复杂的是人际关系,最难处理的事情也是人际关系。领导者身处本单位人际关系的轴心和漩涡,要想让整个机构灵活运转,就要充当杠杆和润滑油。经验丰富的领导者能够把握矛盾冲突的关键环节和矛盾中心人物的心理,理顺错综复杂的人际关系,清除内部和外部人际交往的障碍,从而增强团队的凝聚力和战斗力。

在企业中仅是各方面关系就十分复杂,在工作中经常会出现分歧和争论,使各方关系无法融洽,出现相互推诿塞责的局面。此时领导所要做出的协调不是一般的"和稀泥",而是要有原则、有主张,力求从工作角度和思想深处解决分歧。

在团队领导工作中,协调是一项十分重要的工作。协调是指在矛盾冲突中,坚持原则性与灵活性的统一处理、协调矛盾的方法与技巧。协调是实现目标的重要条件,其目的在于谋求组织和全体人员思想的统一和行动的一致,免除工作中的扯皮和重复,减少摩擦、冲突和内耗,从而高效率地实现组织目标。领导者必须加强学习,提高修养、掌握协调的艺术,做到虚怀若谷、以诚相待、循循善诱、刚柔相济等,以提高化解团队内部矛盾和冲突的水平。因此,企业的管理者说话办事要尽量客观,要尊重事实,而不是主观臆测,信口开河,这样往往会把事情越办越糟。

在企业调研中,我们发现最受欢迎的是那些能谦虚地接受失败、挑战、新的游戏规则,并有勇气按规范行事,甚至做出个人牺牲的领导人。他们在出现问题的时候,不会推卸责任,寻找借口,而是能够冷静分析并

第十二章
管理就是经营人心

勇敢承担责任。

多年前,我在一本书上看到了一个故事:

有一天黄昏,有一个人沿着海滩散步,忽然看到远方有一个小男孩,正不断地从沙滩上捡起一些东西,并丢向海中。

等他走近时,他发现这个小男孩手里是一颗海星,这个孩子正一个一个地将这些海星捡起并丢回海中。

这个人靠近小男孩,问他:"你这是在干吗?"

小男孩回答说:"正在将这些海星丢回海中,现在正在退潮,如果我不将它们丢回海中,它们将会缺氧而死掉的。"

这个大人说:"可是,孩子,你知道吗?这海滩上起码有上千个海星,你是不可能将它们全丢回海中的,而且在这沿海又有多少的海滩,每个海滩都有上千个海星,你根本扔不过来,你这样做和没做又有什么差别呢?

这个小男孩听了只是微笑,依然弯腰再捡起一只海星丢回大海中,然后微笑地回答说:"太多了,我捡不过来,但是你瞧,对这只刚被我扔回海里的海星而言,就有差别了吧!"

孩子的想法再简单不过:我虽然不能做所有的事,但我仍能做一些事,虽然我不能做所有的事,我也不会拒绝去做任何我能做的事。总之,我不会袖手旁观。

如果,你是一个团队的领导者,你能够像故事中的孩子爱护海星一样爱护你的下属吗?如果你能做到,那么你将会得到他们真正地服从与尽职尽责地工作的回报。

我常常问一些企业老板:"你作为领导,最重视下属的哪方面素质?重视他们的能力吗?重视他们的品德吗?还是重视他们的家庭背景、健康状况?"

答案是:我的下属心中有没有我。

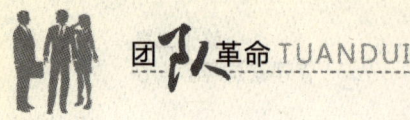

阅读感悟

第十二章
管理就是经营人心

决断，拖延比做错事更可怕

还记得那个老掉牙的故事吗？布里丹的驴子肚子饿得咕咕叫，于是它到处寻找吃的东西。它发现左边和右边都有一堆草可吃。于是它到了左边那堆草边，可审视一番后觉得没有右边那堆草多，所以饿着肚子跑到右边去吃。到了右边以后又发现没有左边那堆草的颜色青。想想，还是回到左边去吧。就这样，一会儿考虑数量，一会儿考虑质量，一会儿分析颜色，一会儿分析新鲜度，犹犹豫豫，来来回回。这只可怜的驴子，最后却饿死在途中。

在瞬息万变的市场经济大海中，一个企业要想避免陷入布里丹式旋涡里，就必须具有决断力的领导者掌舵。

美国一家市场调研公司，进行了一场关于领导力的调研，结果表明员工愿意追随的领导者要有八个素质，排在第一位的则是行动要果断，办事要有魄力，做决定不要优柔寡断。

对于企业的决策者而言，做出决策极为重要。即使决策正确但是错过了最佳的时机，也会使最后的效果大打折扣。延误的决策有时候不仅起不到证明作用，反而会带来意想不到的害处。

俗话说，机不可失，时不我待。面对问题，应当当机立断，果敢及时地做出有利的决策。瞻前顾后，患得患失的性格绝不可能成为一个成功的领导者。而导致"决断"的艰难有三种因素：时间紧迫、形势瞬息万变、决策后果影响巨大。

曾经接触过一家做高端PDA的企业，这个企业前后投入了几百万来做

这个项目。由于众所周知的原因,高端PDA市场在短期内很难有所作为。这家企业在这个项目上陷入了一个恶性循环状态:不做吧,已经投入了这么多;继续做吧,又看不到什么前景。抉择来抉择去,到最后投入越来越多,形成了"尾大不掉"的难堪局面。

海尔有个著名的OEC管理法:日事日毕、日清日高。海尔把它作为管理的标准和宗旨。

日事日毕:即做好每天该做的事情。当天发生的事情当天解决,每天的事情必须做完,因为我们只有今天,明天永远不会到来。记得有个饭店做促销,告示上写"明天免费",结果人流络绎不绝。大家吃完饭时候,服务员让结账,客人说:"不是免费吗?"服务员笑着说:"对啊,明天免费。"

日清日高:每天都要清晰了解,今天哪些事情没有做完,明天该做什么。还要每天寻找差距,对工作中的薄弱环节不断改善,不断提高,以求第二天干得更好。在海尔车间里,可以看到在每个班组的工序那里都挂有一块牌子,牌子上写着班组每个员工的名字,名字底下分别贴着一些绿色或黄色或红色的圆标签,这些颜色代表该工位是否处在正常状态下。海尔对员工的要求是:每天的一切都要高于昨天,每天成长一点点。

那么,要如何提高企业领导决断力呢?

一是要考虑风险。即决断实施之后的各种不利因素,或各种副作用,要制订相应的对策。

二是要考虑对手。要知道在决断时,你的竞争对手也在决断。所以知己知彼,考虑对手的决断善于双赢,才能确保企业立于不败之地。

三是要考虑关系。每一个决断都不是孤立的,它牵扯到方方面面的利益关系和人际关系。只有理顺关系,决断才能成为现实。

四是要考虑报酬。这是激励实干者,提高决断力的一个极为重要的途径。

五是要考虑结果。为什么要做这个决断?这个决断实施后能够带来什么结果?值得还是不值得做这个决断?企业的领导者决策者在决断时要强调务实和效益,要结果导向,不能只考虑动机愿望,只制定目标计划。

第十二章
管理就是经营人心

阅读感悟

_____
_____
_____
_____

领导，管事+理人

在企业界流传着几句经典的话，那就是：不懂哲学的领导，没有战略思维能力；不懂管理科学的领导，无法知道自己的战略思路为什么贯彻不下去；没有领导能力的领导，指挥自己冲锋陷阵，无法调动属下的积极性。

什么是管？——调解，整合。

什么是事？——事情，资源。

什么是理？——协作，调动。

什么是人？——团队中的每一个伙伴。

团队管理就是处理事情，整合资源，协调各个部门之间的配合，调动每个人员的积极性。管理是通过他人来完成任务的艺术，管理团队说难非难说易非易，主要看我们如何去理解和操作。

我们都知道，即使再优秀的管理者也只能够维持一个企业的生存，而真正意义的一流企业都是通过卓越的领导者通过领导下属创造出来的。我们经常见到一些很有哲学素养的企业家，讲起话来很富有哲理，但就是难以见到他办好哪种具体的事，为什么？原因在于不懂管理；也曾见过有的企业家具体措施和办法一套一套，把具体的事情做对了，但战略出问题，结果是前功尽弃；最糟糕的就是有的领导认真负责，可就是没人愿意跟在后面一起干，忙坏了领导，乐坏了下属，最终被"下课"。因此，要想做一个出色的企业家，重点应该放在"领导"两个字上。

管理有两个方面的含义：一个是管事，一个是理人。

第十二章
管理就是经营人心

管是管事，理是理人。管就是监督、控制，即制度，通过条条框框去约束你的团队成员，是属于强制性的。理就是理顺、指导，是人情世故，通过人性化的方式使员工自觉自愿地按照公司的要求做事。人不喜欢被管，有人管就不自在。但人喜欢被理，没人理就不高兴，感到自己受到了冷落。"理"是尊重人的表现，敬人者，人恒敬之。

在业务团队的管理中应当以"理"为主，以"管"为辅，即强调如何培养、指导员工，帮助他们在心里理解怎么做事之后，使他们积极、主动地做事，并把事情做好，而后实现双赢。

人是被领导的，而不是被管理的。

企业人性化管理最好的状态应该是：管理者无为，被管理者却能够尽力为公司而为。但是，现如今有相当一部分的企业则是奉行背道而驰的"管人理事"的方法。

我们经常听到 "管人"是错的。人不能管，但事情要管，绩效要管。人为什么不能"管"呢？因为人需要被领导。管理者要用对人，要把人放对位置，把人理顺。把人理顺的意思是什么？就是看一个人能做什么，而不是看他不能做什么；发现一个人的长处，而不是批评他的短处。没有一个人是完整的，既然人都是不完整的，那怎么办？那就只能用人的长处。当一个人的长处发挥得越好的时候，奇妙的是，他的短处、弱点就会显得越来越微不足道，甚至不会发生任何作用。怎么样才能发挥人的长处，怎么样才能使人的短处受到限制、得以控制，这才是管理者要关心的重点。

你可以买到一个人的时间，也可以买到一个人指定的工作岗位，还可以买到按时计算的技术操作，但你买不到热情，而你又不得不去争取这些。作为一个首席执行官，你需要有足够的智能和耐心去领导员工、去激励员工，这也是未来CEO（首席执行官）施展领导魅力的技巧之一。

有着"全球第一CEO"之称的杰克·韦尔奇经常爱用这句话来传播自己的成功经验，"无能的管理者摧毁工作。他们是企业的、同时也是工作的杀手。"在韦尔奇任职期间，就在GE里提出要减少管理的层次，减少管

理的量，减少那些不必要的控制——对人的检查、审核，增加领导——指引人们朝着一个方向去努力。也就是说要更多地给员工提供目标，多给他们提供激励，让他们有更多的自主权，更积极地向一个目标努力，而不是对他们进行各种各样的约束，或各种各样的控制。这就是后来韦尔奇为什么要提出优秀CEO"管得越少越好"理念的原因之所在。

阅读感悟

_____
_____
_____

后记：学习，改变未来的竞争

海尔集团首席执行官张瑞敏，在一次中层干部会上提出这样一个问题："石头怎样才能在水上漂起来？"反馈回来的答案五花八门，有人说把石头掏空，张先生摇摇头；有人说把它放在木板上，张先生说："没有木板"；有人说石头是假的，张先生强调"石头是真的"……终于有人站起来回答说："速度！"张瑞敏脸上露出满意的笑容：正确！《孙子兵法》上说'激水之疾，至于漂石者，势也'。速度决定了石头能否漂起来。"

生于忧患，死于安乐。企业也好，领导者也好，都必须具备把握变革的远见和视野。能够提前预见到企业内部和外部环境将要发生的一切，并快速做出反应，避开危险的暗礁。当企业面临突如其来的棘手问题时，不仅能判断问题出在哪里，也要知道应该去哪里找寻解决问题的方案。企业领导这种出色的危机意识是对团队，对员工最好的管理，激活了人心，启发了智慧。

今天有三种企业：有品牌的企业，有终端销售的企业，有自己文化核心的企业。培训在现代企业经营管理中是加速企业发展的管理手段。同时也是企业员工职业发展的推动器，它能使员工对企业文化和企业目标有深刻的体会和理解，能培养和增强员工对企业的认同感。通过培训提高员工各方面的职业素养和专业技术水平，从而达到任职资格的要求，使个人和企业双方受益。

在我加入培训行业的这十年间，在国内外超过40万人现场听过我的课程，我与他们一起寻找打造团队核心竞争力的思想和方法，不断地吸收西

方管理哲学和管理智慧。如今，曾经被我们尊为"偶像"的大师们一个接一个地中途下课，他们的曾经的辉煌和管理理念已经失灵的时候，崛起的中国需要更具本土特色的"中国式管理"。问题从来不是孤独出现，十年后的我，积累了更多的经验，也找到了自己今后十年、二十年的使命：以更加严谨的态度为中国的企业提供全方位、系统的服务，为中国企业的成长与变革提供最具时效性的解决方案。

雄鹰有一个最大的优点，每天都有突破，永远快人一步。

鹰是世界上寿命最长的鸟类，它一生的年龄可达70岁。但如果想活那么长的寿命，它在40岁的时候必须做出困难而痛苦的决定。40岁的鹰，喙变得又长又弯，几乎碰到胸脯，难以撕开食物；爪子开始老化，无法有效地捕捉猎物；羽毛长得又浓又厚，翅膀变得十分沉重，使得飞翔格外吃力。此时的鹰只有两种选择：要么等死；要么经过一个艰辛的更新过程长达150天的漫长蜕变。

首先，鹰要努力地飞到山顶，在悬崖上筑巢，并停留在那里，不得飞翔；接下来，鹰用它的喙击打岩石，直到喙完全脱落，再静静地等待新的喙长出来；随后，鹰必须用新长出的喙把爪子上老化的趾甲一个一个拔掉，即使鲜血一滴滴地洒落，也不可以停止；最终，当新的趾甲长出来后，鹰要用新的趾甲再把身上的羽毛一根一根地拔掉；历时5个月，新的羽毛终于长出来了。历时150天，鹰重新开始飞翔，再次赢得30年的生命！

同样，在竞争时代，科学技术越来越发达，信息传递越来越快捷，任何一点风吹草动和疏忽都有可能使企业陷入危机。无数的事实证明，企业唯一能够持久的原因，是企业懂得让自己比竞争对手学习得更快。

那么，在企业新的发展历程中，成功处理危机是优秀企业家和管理者不能回避的课题，也是中国的企业家和管理者必须正视的挑战，唯有具备自我改革的勇气与再生的决心，以保持企业自身的优势为底线，抛弃旧的思维习惯，学习新的管理智慧，才能锻造出企业最强的生命力和竞争力。

我们唯一的选择就是：不断地学习解决问题的方法，保持持续的团队竞争力，与狼共舞！